目次

はじめに

　教員のウェルビーイング（teacher well-being）向上のためには、高度専門職として「働きやすく」「働きがい」を実感できる職場づくりが重要であり、これらの両立の基盤は教員を取り巻く人々との信頼関係にあります。

　近年のメディア報道において、困難に直面している教員の声をひろいあげ、教員を搾取される労働者として描き、「ブラック職場」や「働かせ放題」等のバズワードで教職の価値を侵食する情報が拡散されています。これらの言葉を支持する教員がいる反面、教職のイメージが低下することで教職志望者がさらに減少することに不安を覚える（不愉快に思う）教員も少なくありません。困難に直面する教職像を主張することで処遇改善や教員増を実現し、教員のウェルビーイング向上につなげようとする意図は理解できますが、この戦略（特に言語表現）には、教職志望者を減少させるリスクがあります。

　困難に直面している教員がいる一方で、幸せに働いている教員も多数います。「他職種や一般成人に比べて教員はどの程度幸せか」「幸せを享受している教員の特徴は何か」。こうした問いを立て、サンプルの偏りを抑制したデータに基づき議論を組み立てる必要があります。

》 「時短」は手段であり到達点ではない

　教員を対象とする働き方改革[*1]は、時短や負担軽減等による「働きやすさ」の実現を軸として、文部科学省・教育委員会において政策・事業が展開されています。教員加配や外部人材配置をはじめとする多様な政策・事業が展開されていますが、評価指標が在校等時間に特化されているため、時短の目的化が進行している点が気がかりです。

国会・議会での説明において在校等時間の縮減はインパクトのある働き方改革の成果指標であり、国会・議会も関心を持ちますが、在校等時間の縮減に過度にこだわる、いわゆる時短第一主義のメッセージは、学校レベルで在校等時間を減らすこと、とにかく教員を早く帰らせることへの執着を生み出します。

　働き方改革の目的とは、長時間勤務の是正により教師の健康を守ることだけではなく、日々の生活の質や教職人生を豊かにすることでウェルビーイングや自らの人間性・創造性を高めること、学ぶ時間の確保により自らの授業を磨くこと、そして、これらの実現によって子供たちへのよりよい教育を実現することにあります[*2]。時短は働き方改革のひとつの手段として位置づくものであり、唯一の到達点ではないのです。

　ここ数年、教員の働き方改革を対象とする膨大な量の情報が発信されています。すべての議論をフォローしているわけではありませんが、およその共通点として、「ネガティブな教職像」を前提とした「時短第一」視点からの主張が強いように思われます。日本社会には長時間勤務の教員が多く、疲れ果てており、勤務時間を抜本的に縮減することで教員の健康は改善され、教職の魅力が高まり教員不足も解消される──こうした文脈が議論の根底にあるように見えます。

[*1]　教育の働き方改革をテーマとする論稿は、枚挙にいとまありません。TALIS2015・2018、平成28年度教員勤務実態調査、働き方改革関連法案等を契機として、多様な分野からアプローチがかけられています。たとえば、教員の長時間勤務や教員不足の問題状況（妹尾2020、内田他2018等）の指摘をはじめとして、データを活用した業績負担構造の解明（神林2017、辻・町支2019等）、教育行政学・法学の理論的アプローチ（髙橋2022、雪丸・石井2020）、国際比較アプローチ（藤原2018）、実践的な改善案（工藤2018、澤田2023、妹尾2019、新保2019等）が報告されています。

[*2]　「『緊急提言』を踏まえた文部科学省からの発信について」、2023〈令和5〉年9月26日「質の高い教師の確保特別部会」（第4回）参考資料4、6頁。https://www.mext.go.jp/content/230927-mext_zaimu-000032090_11.pdf

》 「促進フォーカス型」*3 の働き方改革を目指す

　このような文脈に基づいたネガティブな結果の回避を目指す「予防フォーカス型」の働き方改革の推進は、管理職を疲弊させる確率が高まります。「予防フォーカス」とは、問題が発生する前に、それらを予防することに焦点を当てるアプローチのことで、健康や安全に関連するリスクを最小限に抑え、問題を未然に防ぐことを重要視します。働き方改革の推進において、教育委員会と管理職が共に予防フォーカスを選択するとき、管理職の抑鬱傾向は跳ね上がります（露口2022a）。

　そこで、本書では、予防フォーカスではなく、ポジティブな結果の達成を目指す「促進フォーカス型」の働き方改革を提案します。「促進フォーカス」は、問題そのものではなく、プロセスの向上や成長に焦点を当てるアプローチで、既存の強みや資源を活用し、さらなる成長やポジティブな変化を実現しようとします。促進フォーカス型の働き方改革の提案にあたり、以下の5つの視点を重視しています。

①教員のウェルビーイング

　第1は、教員のウェルビーイングの視点です。既述したように、文部科学省が示す働き方改革の目的は、子供たちへのよりよい教育の実

---

*3　教育政策・事業推進の自治体間・学校間分散の説明および解明において、有用であると考えられる理論のひとつとして、「制御フォーカス理論（regulatory focus theory）」があります。制御フォーカス理論とは、自己制御システムには「快・不快」の区別だけでなく、ポジティブな結果を目指す「促進フォーカス（promotion focus）」とネガティブな結果の回避を目指す「予防フォーカス（prevention focus）」の2つがあるとする、動機と目標達成の関連についての理論です（Higgins2008）。制御フォーカス理論では、人々の目標志向性を「促進フォーカス」と「予防フォーカス」に区分します。「促進フォーカス」は、成長、理想、獲得に焦点化し、ポジティブな結果の有無に対して敏感に反応し、成功で快活となり失敗で落胆します。目標達成に向けて前進する方法を探究し続け、可能性を閉ざさない熱望戦略（eager strategy）と親和的です。一方、「予防フォーカス」は、安全、義務感、損失に焦点化し、ネガティブな結果の有無に敏感に反応し、成功で静止して失敗で動揺します。注意深く行動し、間違いを避ける警戒戦略（vigilant strategy）と親和的です。

現ですが、そこに至る媒介要因として、教員のウェルビーイングが位置づけられています。ウェルビーイングは、教育振興基本計画（2023〈令和5〉年6月16日閣議決定）において今後の教育政策の方針を示すキーワードで、身体的・精神的・社会的に良い状態にあることを意味します。また、短期的な幸福のみならず、生きがいや人生の意義など将来にわたる持続的な幸福を含み、さらに、個人のみならず、個人を取り巻く場や地域、社会が持続的に良い状態であることを含む包括的な概念であるとしています。

　教員のウェルビーイングの場合は、子供・保護者・地域住民等との豊かな関わりのなかで、持続的に身体的・精神的・社会的に良い状態を持続できることを示すものと解釈できます。教員のウェルビーイングの向上を目指すうえで、在校等時間の縮減は方法のひとつに過ぎないのです。しかし、予防フォーカス型の働き方改革論では、過労死（ライン超過者）の予防、精神疾患に基づく退職・休職等の予防、抑鬱傾向の抑制等の望ましくない結果の回避が目指されており、これらの現象の警告アラート（月あたり80時間等）や上限方針（月あたり45時間）の遵守が目的にすり替わっています。

②働きがい

　第2は、「働きがい」の視点です。教員のウェルビーイングは、「働きやすさ」だけではなく「働きがい」と両立することで最も高くなると考えられますが、予防フォーカス型の働き方改革論では「働きがい」の視点が明らかに欠けています。時短第一による「働きやすさ」の過度の追求は、時に日常的な達成感・充実感・成長感を含む「働きがい」を蝕む可能性があります。本書**第5章**で詳しく述べますが、教員の抑鬱傾向は、「働きやすさ」の低下ではなく、「働きがい」の低下によってより悪化しやすくなります。教員の働き方改革を議論する際には、「働きやすさ」と「働きがい」の両立について議論する必要がありますが、「働きがい」のほうが、重要度が高いのです。

また、「働きやすさ」と「働きがい」の両立は、時間をずらしての達成も可能です。たとえば、教職キャリア（年齢や生活スタイル等）に応じて、ある時期には「働きやすさ」寄りに、また、別の時期は「働きがい」寄りに舵を切る、弾力的な働き方を主体的に選択できる世界が理想であると考えられます。

③職場づくり（信頼関係）

　第3は、職場づくり（信頼関係）の視点です。「働きやすさ」と「働きがい」の両立は、児童生徒・保護者・同僚教員・管理職等の教員を取り巻く信頼関係によって強く規定されると考えられます。たとえば、〇児童生徒との信頼関係が崩壊した授業不成立の状況、〇保護者との信頼関係が崩壊した苦情殺到の状況、〇同僚との信頼関係が崩壊した孤立した状況、〇管理職との信頼関係が崩壊し責め立てられる状況、このようななかで「働きやすさ」と「働きがい」を両立することはきわめて困難です。

　「働きやすさ」と「働きがい」の両立は、教員を取り巻く豊かな信頼関係が醸成された職場において実現します。信頼は学校の存立基盤（露口2012）であり、信頼が持つ効率化の機能にもっと目を向けるべきです。信頼を切り刻むような業務改善は、「働きやすさ」と「働きがい」の双方を失うリスクがあります。教員個々のルール遵守に力点を置く予防フォーカス型の働き方改革に対して、職場での信頼醸成に基づく支え合いに力点を置く促進フォーカス型の働き型改革を強調したいのです。後述するように、「魅力ある職場づくり」は、文部科学省の働き方改革の定義には出現しませんが、厚生労働省の定義では中核概念として扱われています。

④教職の専門職性

　第4は、教職の専門職性（自律性）の視点です。メディアから発信される情報の大半は、教職の「労働者性」と「聖職者性」が強調されており、働き方改革の議論においては前者を「可」とし、後者を「不

可」とする論調が支配的です。その一方で、教職に含まれるもうひとつの教職観である「専門職性」を基盤とする「高度専門職としての教員の働き方改革」の議論とはなっていません。研究と修養のための時間を確保するための働き方改革、大学院での学び直しを実現するための働き方改革のような議論は希薄であり、時短圧力が強い地域・学校では、研修や教材研究さえも削減の対象となっています。

　また、一部自治体で実施されている強固な時間管理は、教員の管理強化の側面を持ち、専門職としての自律性を損なうリスクを抱えています。働き方改革の目的には、「指導の専門性を生かす」という視点は含まれていますが、専門職としての自律性・裁量性、主体的選択を重視する視点は確認できません。

⑤資本拡充マネジメント

　第5に、資本拡充マネジメントの視点です。教員の困難は、どの地域・学校でも平等に発生しているわけではありません。たとえば、「働きやすさ」と「働きがい」の2軸で散布図を描き、市町村や学校を布置してみると、地域間・学校間の格差の大きさがわかります（**第5章参照**）。この格差は、教育委員会・学校のマネジメント不全によって生成されている可能性が高く、教師の仕事というよりも、どこで働くかが問題であることが、第5章の分析結果から示唆されます。ですから、教員の意識改革よりも管理職のマネジメント（世界トップレベルの校長の在校年数の短さを含めて）が問題といえるのではないでしょうか。

　予防フォーカス型の働き方改革では、管理職に効率化指向のマネジメントが求められています。時短が自己目的化しているため、マネジメントの関心は廃止・削減に向かいます。しかし、現在の学校の困難を克服するためには、資本拡充のマネジメント、特に社会関係資本（社会的つながり）を増強するマネジメント視点が必要と考えられます（露口 2016a）。

校長は自らのキャリアネットワークとコミュニティネットワークを活用して問題を解決します（八尾坂他 2007）。前者は教職経験を通して蓄積してきた人脈、後者は地域の人々との交流を通して蓄積してきた人脈を意味します。これらのネットワークは、代替教員や外部人材が必要となった場合に絶大な効果を発揮することでしょう。また、教員業務を地域に移行する場合においても、地域との協働を通じてお互いに利益をもたらす関係や信頼関係が築かれていれば、移行は円滑に進む可能性が高くなります。教員を取り巻く信頼関係も、社会関係資本の一部であり、この資本の拡充が、教員の「働きやすさ」と「働きがい」の両立、および教員のウェルビーイングの向上につながります。校長は、業務を「減らす」だけでなく、社会関係資本に代表される資本を「増やす」視点に立つ必要があるのです。

≫　データに基づき教員が「働きたい」と思える学校づくりを示唆

　本書は、教員の働き方改革の議論において、これまでほとんど言及されてこなかった①教員のウェルビーイング、②働きがい、③職場づくり（信頼関係）、④専門職性、⑤資本拡充マネジメントの視点をこれまでの議論に組み込むことで、促進フォーカス型の働き方改革論を提案します。教員のウェルビーイングの実現を、「働きやすさ」と「働きがい」の両立という視点からアプローチし、教員がぜひとも「働きたい」と思えるような、信頼関係のもとで専門性・自律性が発揮できる、魅力溢れる学校づくりと教職の魅力化への示唆を得ることを目的としています。

　本書は、論展開において OECD 国際教員指導環境調査（Teaching and Learning International Survey, 以下 TALIS）や文部科学省の公開データとともに、A 県独自で実施している働き方改革追跡パネル調査のデータを使用している点に、方法上の特色があります。A 県では、働き方改革の成果検証のため、県内教職員悉皆の WEB 調査を毎年定

期に実施しており、本書ではそのデータの一部を用いて分析・考察を実施しています。文部科学省による教員勤務実態調査では補足できていない同一個人の変化が追跡できており、特に県立学校調査では回収率も高く、働き方改革を議論するうえで、全国的に見てもたいへん貴重なデータです。また、**第7章**で使用する若手教員の教職就任から4年間継続したWEB調査のデータは、過去に例がなく、実態を把握するうえできわめて価値が高いものです。

》　本書の構成

　本書では、以下の8つの章での議論を通して、研究目的の解明に迫ります。

　第1章では、日本における教員の働き方改革の政策ストーリーを整理するとともに、在校等時間の縮減が進まない理由について考察します。文部科学省「令和4年度教員勤務実態調査（速報値）」（2023〈令和5〉年4月28日）は、在校等時間がそれほど減少していない実態を明らかにしました。また、中央教育審議会「教師を取り巻く環境整備について緊急的に取り組むべき施策（提言）」（2023〈令和5〉年8月28日）では、在校等時間の縮減や3分類業務の改善がそれほど進展していない状況を添付資料によって指摘しています。

　しかし、在校等時間の縮減が進展していない理由については、明らかにされているとは言えません。「教育委員会・管理職・教師の意識改革が進んでいない」等の短絡的な回答ではなく、なぜ、在校等時間の縮減が進まないのか、その原因仮説について検討します。

　第2章では、教職を高度専門職と仮定し、この職業観に適した働き方改革の成果指標を提案します。①在校等時間の縮減に加えて、②ワーク・エンゲイジメント（働きがいの代理指標）、③主観的幸福感、④抑鬱傾向、⑤職能開発機会の設定を提唱します。多様な指標の設定を通して、教育委員会や学校管理職が、在校等時間を縮減すればよし

とする風潮を批判的に検討します。②ワーク・エンゲイジメントと⑤職能開発機会を「働きがい要因」、④抑鬱傾向と①在校等時間を「働きやすさ要因」として、これらの2要因の両立が③主観的幸福感を高めるとする成果指標間の構造モデルを提案します。

　第3章では、小・中学校3年間、高校・特別支援学校4年間の追跡パネル調査のデータを用いて、A県における働き方改革の進捗状況（上記①～⑤の5指標の変化）を報告します。在校等時間だけでなく、ワーク・エンゲイジメントや抑鬱傾向の数年間の変化についても述べています。ここでは、以下の3つの研究課題の解明を試みます。

　①働き方改革は在校等時間を縮減し、教員のワーク・エンゲイジメントと主観的幸福感を高めているのか、また、抑鬱傾向を抑制しているのか。②働き方改革の恩恵を受けているのは誰（年齢層・性別・職位等）か。働き方改革は特に誰にとって必要か。③新型感染症ウイルス拡大は、教員の働き方にどのような影響を与えたか、です。

　第4章では、教員を取り巻く信頼関係（児童生徒・保護者・同僚・管理職）の3年間の推移を確認するとともに、働き方改革の5つの成果指標との関係について分析を行います。また、「働きやすさ」と「働きがい」が両立した学校において、信頼関係が醸成されているか、幸せで健康的に働いているかを学校種ごとに検証します。

　第5章では、上記成果指標についての自治体間分散と学校間分散について検討します。在校等時間をはじめすとる働き方改革成果指標は、自治体間および学校間の分散がきわめて大きい実態を描き出します。第5章の分析を通して、「教職が問題ではなく、どこで働くかが問題」であるとする仮説を検証します。また、2020（令和2）年度と2022（令和4）年度の比較分析を行うことで、2020年度は長時間勤務の改善が重要だったのが、2022年度は「働きがい」の改善がより重要テーマとなっている実態を描き出します。

　第6章では、働き方改革とは、「働きがい」のある職場を創りあげ

るための「組織開発」であると捉えたうえで、「働きがい改革」業務改善研修を提案します。この組織開発＝校内研修では、「働きやすさ改革」業務改善研修が「早く帰るためにはどうすればよいか」を研修課題とするのに対し、「働きがいの維持向上のためにはどうすればよいか」を研修課題とします。教員のワーク・エンゲイジメント向上のための新たな実践的方法論の提案となります。

　第7章では、若手教員の教職就任後のウェルビーイングの変化を、月間隔で、定量的・定性的データを用いて説明します。若手教員のウェルビーイングの上昇／下降の規定要因の解明を通して、若手教員が「働きやすさ」と「働きがい」を両立できる環境を形成するための示唆を得ます。

　第8章では、職場・職務・職業・職能の4つの職の視点から、教員のウェルビーイング向上のための示唆を提示します。

　最後に、本書において得られた知見をまとめ、示唆を提示します。

》 本書刊行にあたって

　本書において示す視点は別段新しいものではなく、これまでに取り組んできた研究業績をふまえ、働き方改革におけるこれらの価値を指摘したものです。筆者はこれまで、ウェルビーイング（露口・藤原2021）、信頼（露口2012）、社会関係資本（露口2016a）、リーダーシップ（露口2008）に関する学術研究をまとめてきており、これらの知見を働き方改革の議論に援用したにすぎません。筆者は教職大学院の専攻長として、教員養成・採用支援・研修を推進する立場にいるため、働き方改革は人ごとではなく、これまでの研究知を動員するに値する研究対象です。働き方改革関連の政策・事業の一部に、研究成果を生かした示唆が提示できれば幸いです。

　本書の主たる読者は、学校管理職およびリーダー層教員ですが、教員を目指す学生や若手教員の皆さんにもぜひ読んでほしいと思います。

特に、第7章の若手教員のウェルビーイングには、若手教員が直面しやすい困難が時系列で示されています。また、教育委員会関係者の皆様には、本書の内容が、事業立案や学校対応の際の参考となれば幸いです。研究者の皆様には、パネルデータを使用してこの程度のものかと、分析技法や結果に物足りなさを感じることと思います。しかし、本書の理論的骨格は、Tsuyuguchi（2023）に基づいており、理論的基盤は整備されています。また、学会発表レベルではありますが、大規模パネルデータを用いた研究成果を本文中でいくつか報告しています。

　なお、本書の刊行にあたっては、A県教育委員会（義務教育課・高校教育課・総務課）の皆様の全面的なご支援と、先見性の高さに感謝を申し上げます。時短が目的化するリスクをいち早く見抜き、学校の裁量を認め、在校等時間の縮減について中期視点に立つ弾力的運用の道を選びました。また、全国でいち早く、「働きがい」や「ウェルビーイング」の視点を働き方改革の成果指標に取り込み、「時短」に偏った運用は評価されないことを県内に示しました。特に、義務教育では、働き方改革の進捗を視覚化するダッシュボード（県教委版・市町村教委版・学校版、本書71頁参照）を筆者と共同で開発し、市町村担当者と全管理職に対するフィードバックのシステムも定着させ、全国的にもまれなエビデンスベースの働き方改革の取り組みを多数展開しています。これら一連の事業提案は、われわれ研究者ではなく、教育委員会サイドからの提案であることを強調しておきます。

　さて、本書の内容は、筆者が2019（令和元）年度より担当している教職員支援機構・校長研修「タイムマネジメント」の内容を拡張したものです。本講座では、タイムマネジメントを、短期的視点に立った業務効率性・生産性向上ではなく、長期的視点に立ち、「有限の職業人生の価値を高める方法」と定義しています。また、講義タイトルは、「『働きやすさ』と『働きがい』を実現する校長のリーダーシップ

実践」としています。

　2019（令和元）年度当時の学校に対する時短圧力は相当強く、教員のウェルビーイングや「働きがい」重視路線の働き方改革論の反応はいまひとつでした。しかし、少しずつ流れは変わり、教職にとって「働きがい」が重要であり、「働きがい」を失うことが教職にとっての最大のリスクであること等の理解が徐々に浸透しつつあります。本講座では「『働きがい改革』業務改善研修」という組織開発の方法を提案しています（**第6章参照**）。文部科学省推奨の「働き方改革チェックシート」を活用した研修を実施すれば収まりがよいとは思いますが、それは教育委員会等で他の誰かがするでしょう。世の流れと若干ずれた内容であるにもかかわらず、講師として使っていただいた教職員支援機構の皆様に、心より感謝申し上げます。

　出版の最終的な決断は、ベネッセ『VIEW next』教育委員会版および高校版の編集者の皆様からの取材と読者感想にあります。教育委員会版では、2022 Vol.3 に「一人ひとりがやりがいを持って主体的に働く『働きがい改革』を目指して」と題する提言を掲載していただきました。この記事掲載後の読者感想は、一言でまとめれば「よくぞ言ってくれた!!」です。「働きがい」を軽視して「働きやすさ」のみを追求する動きにおかしさを感じている教育委員会関係者が全国に多数いることが実感できました。おかしさを感じながらも時短優先の指示を出さなければならない苦しさが伝わる文面でした。『VIEW next』高校版2023年6月号からは学校現場での主体的な働きがい改革をテーマとする連載が開始されています。

　最後に、出版事情厳しき折にもかかわらず、刊行していただいた教育開発研究所、また、出版を企画段階から支援していただいた岡本淳之氏および桜田雅美氏に心から感謝申し上げます。

第1章

「令和の日本型学校教育」
と働き方改革

1 章では、日本における教員の働き方改革の政策ストーリーを整理するとともに、在校等時間の縮減が進まない理由について考察します。文部科学省の教員勤務実態調査では、在校等時間がそれほど減少していない実態が明らかとなり、中央教育審議会「教師を取り巻く環境整備について緊急的に取り組むべき施策（提言）」では、在校等時間の縮減や3分類業務の改善がそれほど進展していない状況を指摘しています。しかし、その理由について明らかにされているとは言えません。「教育委員会・管理職・教師の意識改革が進んでいない」等の短絡的な回答ではなく、なぜ、在校等時間の縮減が進まないのか、その原因仮説について検討します。

1 日本型学校教育の継承

　わが国は、すべての子供の知・徳・体を一体的に育む「日本型学校教育」、すなわち、①学習機会と学力の保障、②社会の形成者としての全人的な発達・成長の保障、③安全安心な居場所・セーフティネットとしての身体的、精神的な健康の保障を重視してきた歴史があり、今後も継承していく方針を示しています（中央教育審議会2021）。

　「日本型学校教育」の推進を選択することで、学校の職務範囲は大幅に広がることになります。諸外国では、知育は学校・教師が、徳育は家庭・教会等が、体育は地域・スポーツクラブ等が中核的な役割を果たす前提で、学校教育がデザインされています。諸外国の教員の職務が主に授業・学習指導に特化している一方、日本の教員は、教科指導、生徒指導、部活動指導等を一体的に行うことが求められています。

　学校の使命を、子供の知育・徳育・体育の中核的役割を果たす点に置くことには一定の合意が形成されています。過去との違いは、これらの役割を教員だけでなく、専門スタッフや外部人材との分担（「チ

ームとしての学校」）、地域との連携協働によって推進（「地域とともにある学校」）することが予定されている点にあります。

≫ チームとしての学校を実現するための視点

チームとしての学校については、中央教育審議会（2015a）において方針が示されています。わが国の教員は、学習指導・生徒指導・部活動等の幅広い業務を担い、子供たちの状況を総合的に把握して指導している実態がありますが、欧米諸国と比較して、教員以外の専門スタッフの配置が少なく、ゆえに、わが国の教員は、国際的に見て勤務時間が長くなる傾向にあると分析しています。

こうした状況を打破するために、「チームとしての学校」を実現するための３つの視点すなわち、①専門性に基づくチーム体制の構築、②学校のマネジメント機能の強化、③教職員一人一人が力を発揮できる環境の整備の３つの視点を示し、学校のマネジメントモデルの転換を図る必要性を指摘しています。

また、「チームとしての学校」と家庭・地域・関係機関との関係、学校・家庭・地域との連携・協働によって、共に子供の成長を支えていく体制をつくることで、学校や教員が教育活動に重点を置いて取り組むことができるような体制づくりを重視しています。さらに、学校と警察や児童相談所等との連携・協働により、生徒指導や子供の健康・安全等に組織的に取り組んでいく必要があることも指摘されています。

≫ 学校と地域の目指すべき連携・協働の姿

地域連携については、中央教育審議会（2015b）において、これからの学校と地域の目指すべき連携・協働の姿として、以下の３点が示されています。

第１は、「地域とともにある学校への転換」であり、開かれた学校

から一歩踏み出し、地域の人々と目標やビジョンを共有し、地域と一体となって子供たちを育む学校に転換すること。第2は、「子供も大人も学び合い育ち合う教育体制の構築」であり、地域の様々な機関や団体等がネットワーク化を図りながら、学校、家庭および地域が相互に協力し、地域全体で学びを展開していく教育体制を一体的・総合的な体制として構築すること。第3は、「学校を核とした地域づくりの推進」であり、学校を核とした協働の取組を通じて、地域の将来を担う人材を育成し、自立した地域社会の基盤の構築を図り、学校を核とした地域づくりを推進すること、です。

学校の存在意義として、地域の教育理念形成拠点、学習拠点、および活性化拠点といった価値を確認したものです。こうした価値を、学校運営協議会と地域学校協働本部の設置、地域コーディネーターや地域連携担当教職員（主任）等の配置によって実現しようとする構想が示されています。

》 目指す「教師個々の姿」「教職員集団の姿」「教職の姿」

中央教育審議会（2022）では、「令和の日本型学校教育」を担う「教師個々の姿」として以下の3点が示されています。すなわち、①環境の変化を前向きに受け止め、教職生涯を通じて学び続けている、②子供一人一人の学びを最大限に引き出す教師としての役割を果たしている、③子供の主体的な学びを支援する伴走者としての能力も備えている、です。

また、「教職員集団の姿」として、多様な人材の確保や教師の資質能力の向上により質の高い教職員集団が実現し、多様なスタッフ等とチームとなり、校長のリーダーシップの下、家庭や地域と連携しつつ学校が運営されているとする理想を掲げています。

さらに、「教職の姿」として、教師が創造的で魅力ある仕事であることが再認識され、志望者が増加し、教師自身も志気を高め、誇りを

持って働くことができているとする理想を掲げています。専門的かつ創造的な高度職業人としての教師像の確立に向けた養成・採用・研修等のあり方が提案されています。

2 教員の働き方改革のデザイン

》 「日本型学校教育」に必須の教員の働き方改革

　「日本型学校教育」の持続展開のためには、教員の働き方改革が必須です。教員の働き方改革に対する関心は、2017（平成29）年4月に公表された平成28年度教員勤務実態調査[*1]の結果（勤務時間が週60時間以上の教諭が小学校で33.4%、中学校で57.7%）とTALIS 2018（勤務時間が2回連続で世界最長）[*2]の結果公表により、社会的関心事となりました。

　教員勤務実態の結果を受け、2017（平成29）年6月に、中央教育審議会に対し「新しい時代の教育に向けた持続可能な学校指導・運営体制の構築のための学校における働き方改革に関する総合的な方策について」諮問がなされました。そして、約1年半の議論を経て、2019（平成31）年1月に「新しい時代の教育に向けた持続可能な学校指導・運営体制の構築のための学校における働き方改革に関する総合的な方策について（答申）」および「公立学校の教師の勤務時間の上限に関するガイドライン」（以下、上限ガイドライン）が出されました。

　同答申では、学校における働き方改革の目的と方針を明示した後、勤務時間管理の徹底と勤務時間・健康管理を意識した働き方改革の促進、学校および教師が担う業務の明確化・適正化、業務の役割分担・適正化を確実に実施するための仕組みの構築等についての提案が示さ

---

*1　https://www.mext.go.jp/b_menu/houdou/30/09/__icsFiles/afieldfile/2018/09/27/1409224_004_2.pdf

*2　https://www.nier.go.jp/kokusai/talis/pdf/tails2018-vol2.pdf

れています。なお、同答申では、「公立の義務教育諸学校等の教育職員の給与等に関する特別措置法」（以下、給特法）の基本的な枠組みを前提に、働き方改革を確実に実施する仕組みを確立し成果を出すことや、一年単位の変形労働時間制の導入も、選択肢のひとつとして提案されています。

》 業務の３分類、在校等時間の目安時間の提示

また、同答申では、学校・教師が担う業務の特定化を提言しています。第１に、基本的には学校以外が担うべき業務として、①登下校に関する対応、②放課後から夜間などにおける見回り、児童生徒が補導されたときの対応、③学校徴収金の徴収・管理、④地域ボランティアとの連絡調整が示されています。これらの業務は、その業務の内容に応じて、地方公共団体や教育委員会、保護者、地域学校協働活動推進員、地域ボランティア等が担うべきとされています。

第２に、「学校の業務だが、必ずしも教師が担う必要のない業務」として、⑤調査・統計等への回答等、⑥児童生徒の休み時間における対応、⑦校内清掃、⑧部活動が提示されています。これらの業務は、事務職員、地域ボランティア等、部活動指導員等が担うことが示されています。

第３に、「教師の業務だが、負担軽減が可能な業務」として、⑨給食時の対応、⑩授業準備、⑪学習評価や成績処理、⑫学校行事の準備・運営、⑬進路指導、⑭支援が必要な児童生徒・家庭への対応が示されています。また、「チームとしての学校」の視点から、これらの業務の遂行における栄養教諭、サポートスタッフ、事務職員、外部人材、専門スタッフ等との業務分担の在り方が明記されています。

上限ガイドラインでは、在校等時間上限の目安時間として、45時間以内を原則としつつも、学校・勤務状況の多様性をふまえて、以下のような「45・60・80・100」の複数基準で構成されています。●1

ヵ月の在校等時間について、超過勤務45時間以内。●児童生徒等に係る臨時的な特別の事情により勤務せざるを得ない場合は、1年間の超過勤務720時間以内（720時間／12ヵ月＝60時間）。●連続する複数月の平均超過勤務80時間以内。●1ヵ月の超過勤務100時間未満。一方、文部科学省が毎年実施している「教育委員会における学校の働き方改革のための取組状況調査」においては、「45時間以下」「45時間超～80時間以下」「80時間超～100時間以下」「100時間超」による4区分での測定が実施されています。

》 道半ばの長時間勤務解消

　同答申を受けて、文部科学省ほか、全国の都道府県に働き方改革推進本部が設置されました。また、2021（令和元）年度からは「教育委員会における学校の働き方改革のための取組状況調査結果」を毎年度報告しています。さらに、全国から好事例を収集した「働き方改革事例集」を2022（令和2）年より編集し、全国の教育委員会・学校での改革推進をサポートしています。2022（令和2）年2月刊行の取組事例集の巻頭言にある「学校における働き方改革は、特効薬のない総力戦です」[3]は、今後本格的に展開される働き方改革において、文部科学省・教育委員会・学校（地域）の連携協力が必要であり、それぞれが試行錯誤を通して成果を高めようとするものであると解釈できます。

　2019（平成31）年1月の答申から、約4年後の2023（令和5）年4月に、教員勤務実態調査の速報値[4]が公開されました。令和4年度教員勤務実態調査（速報値）を見ると、1日あたりの在校等時間は平成

---

[3]　https://www.mext.go.jp/content/20200220-mxt_zaimu-000005095_1.pdf

[4]　https://www.mext.go.jp/content/20230428-mxt_zaimu01-000029160_2.pdf

28年度に比べて小学校教諭が平日30分、中学校教諭が平日31分の減少という一定の成果を得ていますが、小学校10：45、中学校11：01であり、長時間勤務の解消には道半ばの状況です。

３ 働き方改革の成果としての在校等時間の縮減が進まない理由

　それでは、このような政策ストーリーのもとで、教員の負担は軽減され、日本型学校教育が求める教育効果は向上したのでしょうか。働き方改革の目的とは、「教師が疲労や心理的負担を過度に蓄積して心身の健康を損なうことがないようにすることを通じて、自らの教職としての専門性を高め、より分かりやすい授業を展開するなど教育活動を充実することにより、より短い勤務でこれまで我が国の義務教育があげてきた高い成果を維持・向上すること」（中央教育審議会2019：7）です。複数の目的要素が含まれていますが、以下、「教員勤務実態調査」や「教育委員会における学校の働き方改革のための取組状況調査結果」等において最も注目されている「在校等時間」を働き方改革のひとつの成果指標と仮定し、検討を進めます。

　前述のように、令和４年度の教員勤務実態調査（速報値）では、平日30分程度ではありますが、平成28年度調査に比べて在校等時間の縮減において成果が認められています。しかし、見方によれば、2019（平成31）年の答申以降、総力戦を展開しての結果として十分とはいえません。それでは、教員の在校等時間はなぜ減少しないのでしょうか。以下、在校等時間が大幅に減少していない原因についての仮説を、公開されているデータを用いていくつか提示します。

⑴　**教員不足・人手不足・受け皿不足**──一人あたりの業務量増加
　教員不足現象に象徴される人的リソース不足の状況下では、在校等

時間の縮減は困難でしょう。2022（令和4）年1月に公開された文部科学省「『教師不足』に関する実態調査」は、学校現場における困難を浮き彫りにしました。調査上の概念定義が曖昧であるため、また、教育委員会による回答であるため、全国で約2,000人不足とありますが、この数字をはるかに上回っている可能性も否定できません。調査は令和3年度始業日時点と5月1日時点を対象としていますが、その後（たとえば、2学期以降）に不足するケースが捕捉されていない等の限界があり、この点をふまえた資料解釈となります。

　教育委員会の認識では、教師不足の要因として「①産休・育休取得者数が見込みより増加」「②特別支援学級数が見込みより増加」「③病休者数が見込みより増加」の選択比率が相対的に高くなっています。①と③は、年度途中に発生する確率の高いインベトであり、やはり2学期以降の資料・データが必要です。令和4年度と令和5年度は、教員採用選考試験の倍率低下の状況を考慮すれば、非正規教員のプールはさらに枯渇が進展していると予測され、令和5年度末時点で教員不足状況が良化しているとは考えにくいです。

　教員不足の状況下では、欠員の業務をフォローするため一人あたりの業務負担が増加することで長時間勤務が発生しやすくなります。また、有給休暇等が取りにくく、ワーク・ライフ・バランスが崩れ、ストレス反応レベルが上昇する等の負の波及効果が生じる可能性があります。少人数学級の編制が困難となり、不登校対応等にも支障が出る等、教育効果の低下につながる可能性が高まります。

　令和の日本型学校教育を実現するチームとしての学校づくりのため、教員定数改善に加え、外部人材配置の予算が拡充されています。令和6年度概算要求[5]は、教員業務支援員（スクール・サポート・スタッフ）には2万8,100人配置に126億円（令和5年度は1万2,950人配

---

*5 https://www.mext.go.jp/content/20230828-mxt_kouhou02
　-000031628_1.pdf

置に 55 億円）、学習指導員等には 1 万 3,800 人配置に 45 億円（令和 5 年度は 1 万 1,000 人配置に 36 億円）、副校長・教頭マネジメント支援員には 2,350 人配置に 17 億円（新規）、部活動指導員には 1 万 6,500 人配置に 18 億円（令和 5 年度は 2 万 1,000 人に 23.5 億円）等が計画されています。ただし、人口減少が深刻な地域では、外部人材の候補者不足に悩んでいます。時給制で雇用は不安定、養成・研修制度がないため、安定的な人材供給に課題が残ります。

　部活動指導員は競技の専門性を要するため、候補者探しが大変です。また、専門スタッフでは、スクールカウンセラー（全公立小・中学校への配置、2 万 7,500 校、週 4 時間ほか）およびスクールソーシャルワーカー（全中学校区への配置、1 万中学校区、週 3 時間ほか）の配置に、約 100 億円（不登校児童生徒の学びの場の確保の推進事業等を含む）が計画されています。1 週間あたり数時間しか学校にいないため、チーム学校の一員として勤務する状況にないという限界があります（名古屋市等の常駐化を推進している自治体を除く）。

　さらに、地域ボランティアについても、高齢者が主流の地域では新型感染症ウイルス拡大の影響で参加率が低下し、保護者の就労率の上昇も相まって、ここ数年で勢いが低下した校区は多いです。また、地域学校協働活動推進員等が配置されていない場合、地域ボランティアとの連絡は結局学校側の負担となります。地域ボランティアとの協働過程における調整コストには、十分に留意すべきです。地域ボランティアとの教育目標や価値の共有、連絡調整、対立葛藤調整等に費やすコストにも目を向けるべきです。

　いわゆる「学校・教師が担う業務に係る 3 分類」では、学校・教員が担っている業務を家庭・地域との協働・移行によって縮減する方向性を読みとることができます。しかし、家庭・地域の教育参加や教育機能の低下が顕著な校区では、協働体制構築が困難であり、移行させる先の受け皿も乏しい状況です。受け皿の乏しい校区において、学校

からの機能移行により混乱が生じるおそれがあるため、移行を躊躇し、教員が担う職務範囲は現状維持となります。

　昨今の教員不足現象への対応策として、特別免許状制度等を活用し民間や公務員から人材を招き入れる方策が推奨されています。しかし、特別免許状制度の活用は限定的であり、高校での一部科目に限定されています。多様な人材の流入は、高度専門職としての教員の前提を揺るがすため、教育委員会としての受容が困難です。誰もが明日からできる職業は専門職とはいえません。中学校では、臨時免許状[*6]を発行することで、教員が専門科目以外の教科を担当しています。教員不足を教員の業務量の増加で対処しているのです。また、小学校教員の質確保（一定の倍率維持）のために、中学校教員で小学校免許状保有者を小学校へ異動させ、比較的倍率が維持できている中学校の教員を採用する動きも見られます。

　周知のとおり、今日、多様な業種から志望者減・人手不足の声があがっています。こうした争奪戦ともいえる環境下で、質の高い教員・外部人材を着実に学校に配置するのは至難の業です。定年延長が開始され、大半の教員が61歳に教諭としてスライドします。この局面で大量採用を継続する方法をとることで、2024（令和6）年度以降、教員不足は改善に向かうと予測されます。

⑵　教員の年齢構成の変化——若手教員の増加による影響

　教員の持続的な大量採用によって教員の若返りが進み、年齢構成に

---

*6　臨時免許状は、「他に有効な普通免許状を有する者を合理的な範囲の努力により採用することができない」場合に限り、教育職員検定を経て授与される免許状であり、有効範囲は授与を受けた都道府県内の学校に限られます。また、有効期限は3年間です。臨時免許状の授与件数は9,720件（令和3年度）であり、5年前と比べ、小学校における授与件数が約3割増加している一方、高等学校における授与件数は微増にとどまっています。また、都道府県による偏りも大きく、小学校で0件という自治体が3つある一方、約400件に上る自治体も2つ存在します。

大きな変化が生じています。この数年間で20歳代の若手教員が増加しましたが、実は、平成28年度および令和4年度の教員勤務実態調査では、20歳代教員の勤務時間が最も長いとする結果が示されています。平成28年度の教員勤務実態調査にみる週当たりの学内勤務時間が60時間以上と60時間未満の教諭の勤務時間内訳では、小学校において授業準備、学校行事、成績処理の差が大きくなっています。中学校においても、部活動、授業準備、学校行事、学年・学級経営、成績処理で差が大きく、部活動以外は小学校とほぼ同様です[7]。

　これらは、仕事に不慣れな若年層教員が特に苦労する業務です。はじめての学年を持つ場合、授業準備にはベテラン以上に時間が必要です。成績処理も慣れておらず、大学等での学習機会もないため相当苦労します。学校行事の運営（運動会／体育祭や文化祭）業務においても経験が少ないため円滑な進行は困難です。部活動についても大学等において指導者として関与する経験は乏しく、競技経験の乏しい部活動を担当する場合には、就任以後に相当量の学習が必要です。このように教職の経験が乏しい若手教員の増加が、在校等時間のスコアを押し上げている可能性が高いといえます。

　困難な状況に置かれやすい若手教員に対して、同僚・先輩教員のサポートがあれば業務が円滑に進行し、勤務時間が縮減される可能性があります。しかし、一律の勤務時間短縮を学校が選択する場合、周囲の教員が早々に帰宅するため、相談相手がいません。授業準備（教材研究）、成績処理、学校行事の準備、部活動指導等は、同僚・先輩教員に相談しながら進めることでより円滑に展開できる職務であるといえます。支援を得られない若手教員は、問題解決が困難となり、若手教員の精神的健康は悪化するでしょう。そこに、教員不足で、追加業務が舞い込もうものなら、若手教員はさらに追い込まれてしまいます。

＊7　https://www.mext.go.jp/b_menu/houdou/30/09/__icsFiles/afieldfile/2018/09/27/1409224_002_3.pdf

困難が表出している若手教員の姿は、出身大学の後輩や実習生に対して、強烈な負のインパクトを与えます。ベテラン教員の困難な姿は、現在の自己との距離があるため、自分ごととして捉えにくいですが、年齢が近い若手教員は、数年先の自分の姿と重なりやすく、共感度は高くなります。若手教員の困難な姿の伝達によって、教員志望者は減少し、教員離れと教員不足はさらに加速するおそれがあります。

⑶　職業特性──時間より使命で仕事をする専門職性・聖職者性

　教職特性としては、近年では一般的に専門職性・聖職者性・労働者性の３特性の複合論が語られることが多くなっています。教職に就いている人は、専門職を理想としていますが、現実はそうではないとの調査結果が得られています。逆に、それほど理想とはしていない労働者性が、現実を説明しています（高木 2022）。専門職を理想としつつ、現実は労働者として管理されながら生計のために働いているとの実感を各学校種の教師は抱いているのです。

　専門職の条件として、長期の職業教育（今日の専門職の多くは大学院水準）、それにより得られる高度な専門的知識・技術の習得、専門的知識・技術を発揮するための自律性・自由裁量、自律性に伴う結果責任、専門家集団による相互チェックと倫理綱領準拠が指摘されていますが、確かに、教職には到達できていない部分があります。教職とは、これらの専門職性に聖職者性と労働者性の要素が織り込まれた職であり、この３要素の配分比率が、特に理想（専門職性を高めたい）と現実（労働者性が高い）のギャップとして議論され続けています。

　教職の３特性は、近年注目されているウェルビーイング論とも対応関係にあります。幸福の哲学的探究は 2000 年以上の歴史があり、幸福とは何かという問いに対する様々な応答が示されています（橘木・高松 2018）。

　教職＝専門職の幸福論では、幸福とは自己の能力を高めて追い求め

るもの、徳（倫理）のある人生を生きること、意義・価値のある行為を継続すること、仕事に没頭した日々を送ること等が重視されます。教職＝労働者の幸福論では、楽しみながら働き、休養をとり、家族を大切にすること等が重視されます。教職＝聖職者の幸福論では、私が幸福になってもらいたいと思う人が幸福になること（佐伯2012）が重視されるでしょう。幸せになってもらいたい子供たちが幸福であることが、教師としての幸せという幸福哲学です。

　このように教職特性をウェルビーイング視点で見ると、専門職性・聖職者性・労働者性のいずれの特性も、教師が豊かで幸せな人生を送るうえで重要であるといえます。ウェルビーイング視点に立つと、これら3特性は、いずれかを特別視するものではなく、いずれも実現すべきものであることに気づきます。専門職として自己の専門的能力を高め続け、仕事に没頭すること。また、労働者として、楽しく安心して働くことができ、休養がしっかり取れ、家族との時間も確保できること。そして、聖職者として、子供たちの幸せな様子をわが幸せとして捉え、子供たちの苦しみをわが苦しみとして捉えること。教師のウェルビーイング実現のためには、これら3特性の充足という視点が重要であることを確認しておきたいと思います。

　専門職性・聖職者性・労働者性の3特性の配分比率は、当然のことながら教師個人によって異なり、多様です。専門職性と聖職者性が強い教師は、働き方改革を通して業務の効率化を進め、生み出した時間を、次の新しい仕事や新たな学びに投資する可能性が高くなります。それが自己の専門性の向上に寄与することであり、子供たちのためになるという信念を持っています。働かされているのではなく、選択の結果、使命に基づき主体的に働いているのです。

　専門職性と聖職者性がウェルビーイングの基盤である教師にとって、なかおつ、労働者性のバランスもとれている場合（処遇・家庭不満が低い場合）、勤務時間はそれほど減少しないのではないでしょうか。

この点について、令和4年度の教員勤務実態調査（前掲速報値）では、「仮に今よりも業務時間が短縮された場合、空いた時間をどのように使いたいですか」との問いに対して、小学校では「更なる授業準備や教材研究等に充てたい（31.5%）」「職務としての研修（教育センターでの受講や校内研修に充てたい）2.0%」「自己研鑽に充てたい（14.9%）」「業務外のプライベートの時間を充実させたい（49.1%）」という結果であり、約半数（48.4%）の教員は、業務時間が縮減されたとしても、教材研究や職能開発に充てたいと回答しています（中学校は同41.3%）。日本の教師の約半数は、時間ができれば次の仕事に充てる行動様式を持っています。教職とは、業務の効率化と勤務時間の縮減が一致しない職であることが示されています。

⑷　**職務・属性特性**──中学校の男性管理職・男性教員比率の高さ

　TALIS2018の国際比較データをみると、日本の中学校教員の長時間勤務の理由として、課外活動（部活動等）（日本7.5時間、参加国・地域平均1.9時間）、事務業務（日本5.6時間、参加国・地域平均2.7時間）をあげることができます。指導（授業）と職能開発活動が共に平均値を下回っている点とあわせて、改善を求める声が各界からあがっています。特に、部活動が長時間勤務の温床だとして、地域移行を目指した改革を進めるべきとする声も強くなっています。

　日本の週当たりの仕事時間（56.0時間、参加国・地域平均38.3時間）は参加国・地域中でトップであり外れ値の域にあります。同様に、女性教員の割合（42.2%、参加国・地域平均69.2%）についても最小値（**図1-1**）ですが、この点についてはそれほど注目されていません[8]。参加国・地域における中学校教員の男女比はほぼ3：7であるのに対し、日本の中学校は6：4であり、参加国・地域の中では唯一、

---

*8　国立教育政策研究所（2019）に掲載されているデータをもとに筆者が作成。以下同様。

31

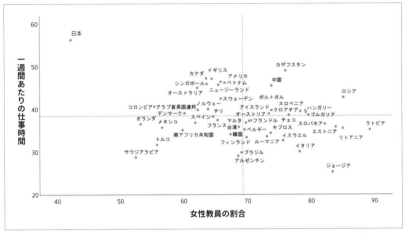

縦軸ラベル（上から下へ）：一週間あたりの仕事時間

横軸ラベル：女性教員の割合

※破線は参加国・地域の平均値を示す。

図 1-1　女性教員の割合と教員の仕事時間（TALIS2018）

　男性教員が過半数を占めています。**第3章**で言及するように、長時間勤務（80時間超）の出現率には性差があり、中学校の場合、女性教員に対して男性教員は 1.5 倍です。男性教員の構成比率の高さが、週当たりの仕事時間が長い理由のひとつとして指摘できます。

　また、女性校長率（**図 1-2**）についても日本は 7.0%（参加国・地域平均 48.9%）と最小値であり、93% が男性校長です。さらに、校長の平均年齢は 58.0 歳（参加国・地域平均 51.4 歳）であり、韓国に次いで 2 番目に高くなっています。週当たりの勤務時間が参加国・地域の中で最長である日本の中学校は、世界の中でも珍しい男性教員が過半数を占める職場が多く、校長の 90% 以上が男性であり、平均年齢が 60 歳に近いという、外れ値続きの属性構成となっています。こうした属性構成から、学習指導と部活動指導に長時間勤務を厭わず熱心に取り組んだ男性教員が、その努力と成果をもって年月をかけて校長に登用される、日本型の人事慣行を読み取ることができます。

　こうした人事慣行のもとで就任した校長が、長時間勤務の主要因と

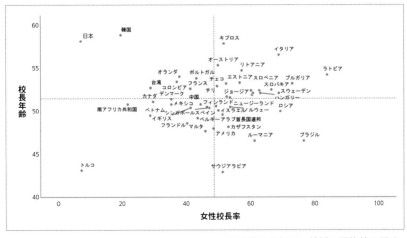

図1-2　女性校長率と校長年齢（TALIS2018）

されている部活動を簡単に縮減するとは考えにくいです。部活動の教育効果のエビデンスは乏しいものの、非認知的スキルとしての忍耐力・自己抑制力・遂行力・レジリエンス・協調性・リーダーシップ等を高める機会として部活動は適しています。また、部活動の教育効果は、エビデンスというよりも、多くの教員が経験し語ることで生成される集合的な経験知として、信念化されているといえます。子供たちの健康体力が低下している今日、特に体育系部活動の価値はさらに重視すべきものとなっています。

　また、部活動は子供相互や教員との対人関係におけるセーフティネットの機能、そしてつながりのサードプレイス機能を有しています。部活動が登校意欲の一環ともなることを考慮すると、近年大問題となっている不登校対策にも有用です。世代的に、荒れる学校を部活動によって落ち着かせた経験を持つ校長も多いと思われます。部活動指導によってこれらの成果を経験してきた校長にとって、部活動を学校から切り離し、地域に移行させる方針は容易に同意できるものではあり

ません（受け皿不足の地域では特に）。

⑸　マネジメント不全──職能成長の機会不足と在校年数の短さ

　教員の働き方改革の進捗は自治体・学校ごとに多様です。校長のリーダーシップのもとで、一定の成果を示している学校もある一方で、教員の働き方に変化が生じていない、管理職のマネジメントが機能していないような学校もあります。管理職が前例踏襲主義や事なかれ主義を通し、性悪説に基づく統治を実践している学校では、在校等時間の縮減および業務改善は困難でしょう。このことは、教育長や教育委員会の担当者にもあてはまります。

　これまで継続してきた慣行の変革のためには、相当量の学習とエネルギーが必要です。変革を遂行しようとすれば、波風も立ち、教員・保護者・地域を説得し、納得させるリーダーシップが必要となります。過去の方法（前例）にしたがい、波風を立てないように運営すれば、管理職は楽かもしれませんが、教員は救われません。また、性悪説に基づく統治を実践することで、教員の些末な書類報告は増え、教員の負担感は増すばかりです。これは、教育委員会－学校関係でも同様です。教員を取り巻く関係者との信頼関係を醸成することで、性善説に基づく統治スタイルの範囲を拡張できないものでしょうか（まずは不祥事が少ない地域から）。

　こうしたマネジメント不全の現象の原因の一部は、管理職の職能成長の機会不足にあるといえます。学校管理職に就任する前の学び直しの機会が制度化されていない点は、大きな問題です。**図 1-3** に示すように、TALIS2018 では、日本における中学校長の修士相当レベル率が 11.7％ であり、参加国・地域平均の 57.3％ を大幅に下回る結果となっています。なお、教員の修士レベル率は日本が 10.6％、参加国・地域平均 40.7％ であり、低学歴群に布置されています。教員の修士レベル率と校長の修士レベル率では強い相関が認められます。大

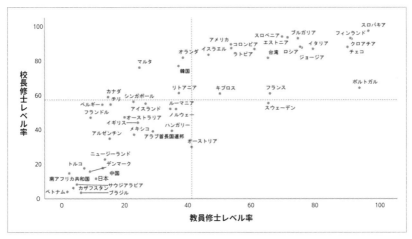

図 1-3　教員修士レベル率と校長修士レベル率（TALIS2018）

学院等において、より高度な専門性を習得した若手教員（職務内容の高度化に対応）と、経営管理の職能成長を図った管理職によって構成される学校では、マネジメント不全は発生しにくいと考えられます。

　また、全国の都道府県・政令指定都市等が公表している「校長の指標」を見ても、「管理者」「服務監督者」としての側面が前面に出ているものが少なくありません（露口 2019）。経営管理の専門職として、地域レベルでの教育の変革と創造を生み出すコミュニティリーダーとしての側面は、「校長の指標」からは読み取りにくくなっています（例外の自治体もあります）。

　さらに、管理職在校年数の短さは、マネジメント不全の重大な要因であると考えられます。TALIS2018 では、現在の学校での校長としての勤務年数が中学校で2.7年（参加国・地域平均6.7年）の結果であり、いずれも韓国に次いで参加国中2番目に短くなっています（**図1-4**）。日本は、校長が大胆な変革を実行するには不十分な在校年数です。

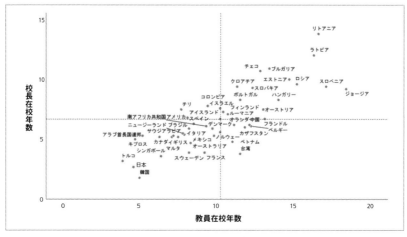

図1-4　教員在校年数と校長在校年数（TALIS2018）

　さらに校長と同じく、教員の在校年数も4.6年と短く、参加国・地域平均が10.2年のなかで、日本はその半分以下となっています。特に同僚との信頼関係については、5～6年以上の在校年数が効果を有することが確認されています（露口2023a）。在校年数の短さは、マネジメントの基盤としての同僚相互の信頼関係の醸成に支障を及ぼす可能性があります。

　働き方改革の推進においては、大学院レベルでの経営管理や組織開発についての理論と実践についての学習を経ておらず、労務管理等の管理事項のみを伝達的研修で学び、2年程度の在校年数のなかで変化を生み出せず、今日に至っているのではないでしょうか。もちろん、2年程度の間に働き方改革を推進し、顕著な成果をあげている校長もいます。また、校長のICTリテラシーが、ICT活用にかかる学校間格差の一因であることが検証されています（露口2022b）。働き方改革についても同様に、校長の働き方改革や業務改善に関する経営管理リテラシーが、学校間格差を生む一因となっている可能性があります。

そして、最大の悪夢は、「働き方改革が業務改善等の工夫を伴わない勤務時間管理の徹底に矮小化されることによって、かえって教職員のモチベーションの低下やプロフェッショナルな教師としてのアイデンティティの崩壊につながってしまう危険性」（藤原2019：3）です。業務改善についての学びを経ずに、管理強化を推進し、短期的に勤務時間の縮減を実現しようとする管理行動は、教員の職務環境に様々な弊害をもたらします。実質的な持ち帰り仕事が増えるだけで、教員からの信頼を得ることはきわめて困難です。

　近年、教職の困難な様子がメディア等において過剰なまでに報道されています。しかし、その困難を訴えている教師が、別の自治体や別の学校で勤務したとしても、同じような状況となっているでしょうか。**第4章**で詳細に報告しますが、教職の困難は自治体ごとに、そして学校ごとに大きく異なります。教員のウェルビーイングには、強烈な自治体間格差と学校間格差が存在するのです。教員個人の意識の問題というよりも、明らかにマネジメントの問題です。教職が問題なのではなく、どこで働くかが問題なのです。

⑹　**信頼の価値**——勤務時間の縮減より信頼関係醸成を選択

　前述したように、中央教育審議会（2019）では学校・教師の業務の役割分担・適正化のために、「学校・教師が担う業務に係る3分類」として、3つの業務類型と14の下位区分を提示しています。

　たとえば、「基本的には学校以外が担うべき業務」では、①登下校に関する対応、②放課後から夜間などにおける見回り、児童生徒が補導された時の対応、③学校徴収金の徴収・管理、④地域ボランティアとの連絡調整が提示されています。これらのうち、学校からの移行を躊躇なく進めるべきは③です。

　この業務には「信頼毀損」の可能性が皆無です。①と②については、完全移行とする場合に保護者や地域住民との信頼関係に影響が出るお

それがあり、丁寧な対応が求められます。多くの学校では、地域主導のもと、教師が部分的に参加・協働する方向に進んでいるように見えます。関与する人数と頻度は減少したとしても、協働体制の輪のなかに教師がいるのといないのでは、地域からの学校への信頼は大きく異なるでしょう。

　このような体制を構築するためにも、④の業務を担う地域コーディネーター等の配置が必要不可欠です。地域ボランティア等の活用の推進において留意すべき点は、参加の不確実性とボランティア間での調整コスト増です。地域ボランティアは、登下校時に毎回人数が揃うのか。また、急遽欠席の場合は誰がフォローするのか。保護者・地域住民相互で調整してもらうことで葛藤は生じないか等の様々な事象が憂慮されます。現実として、こうした調整コストを回避するために、確実に実行できる教員が担当している学校もあります。

　「学校の業務だが、必ずしも教師が担う必要のない業務」では、⑤調査・統計等への回答等、⑥児童生徒の休み時間における対応、⑦校内清掃、⑧部活動が提示されています。⑤については、調査数の減少化とICT活用による効率化が進展しています。しかし、政策・事業効果にかかるエビデンスの蓄積や、議会等での説明責任遂行が求められるなかで、抜本的な減少には至っていないようです。

　⑥〜⑧は、業務の効率化によって生み出すべき、児童生徒に寄り添う時間ではないでしょうか。昼休みに児童生徒と関わることで、また、共に清掃活動に勤しむことで児童生徒理解が深まります。部活動を通して競技力向上、忍耐力・協調性・リーダーシップ等の非認知能力が高まり、児童生徒理解も進展します。これらの活動は、学校において熱意と使命感に溢れるリーダー教員が実践してきたことであり、既述したように、現在の管理職層の多くにあてはまるのではないでしょうか。これらの活動が、児童生徒や保護者からの絶大な信頼獲得につながり、学校を変えていくエネルギーを生み出していたはずです。こう

した教師は放課後や部活動後に事務業務等を行うため、どうしても勤務時間が長くなります。信頼は学校の存立基盤であるとする立場に立てば、「必ずしも教師が担う必要のない業務⑥〜⑧」は、教師が担うことの価値が高い業務でもあります。

「教師の業務だが、負担軽減が可能な業務」では、⑨給食時の対応、⑩授業準備、⑪学習評価や成績処理、⑫学校行事の準備・運営、⑬進路指導、⑭支援が必要な児童生徒・家庭への対応が提示されています。これらの業務は教師の本務でもあり、児童生徒理解と信頼関係醸成の中核的業務です。サポートスタッフ等による支援を得ることで、児童生徒理解と信頼関係醸成を同時に推し進めることが期待できます。

上記①〜⑭の業務には、信頼関係の醸成において重要なものが多くあります。在校等時間の縮減よりも、児童生徒理解や信頼関係醸成を教師が選択している結果、勤務時間の変化が少ないという解釈も成り立ちます。文部科学省による事例集でも、信頼毀損のリスクを持つ業務改善事例は報告が減少し、ICT活用と外部人材配置（特に教員業務支援員）の事例へのフォーカスが進められている印象が強いです。

⑺　格差抑制の使命感——求められる教育格差・学力格差の縮減

また、勤務時間が減少しない理由のひとつとして、教師の教育格差抑止に向かう使命感の高さも指摘しておきたいと思います。経済格差を基盤とする教育格差・学力格差についての議論が、この20年間展開されてきました。学校の機能を縮減し、家庭に委ねると、児童生徒は家庭の教育機能の影響を受ける機会が広がります。たとえば、「家庭学習は家庭の責任で」という方針をとると、格差は確実に広がることを、2000年代前半の学力格差論争で、われわれは学習しています。先の新型感染症ウイルス拡大期には、休校や自宅学習措置となった時の児童生徒の生活・学習行動、学校再開後のリカバリーが、家庭の社会的・経済的階層の影響を強く受けることが確認されています（日本

財団・三菱 UFJ リサーチ＆コンサルティング 2021）。

　学校では、経済格差等の影響が可視化されないように相当配慮しています。種々の校則では、権利侵害の批判にさらされる場面もありますが、経済格差を可視化させないという意図で設定されているものも少なくありません。家庭の経済格差の影響を学校に持ち込ませないために相当の努力を払っています。さらに、全国的に部活動加入を緩和する方向に進んでいますが、部活動からの離脱にも経済格差問題がかかわることが容易に予測されます。部活動には、学校行事（特に体育的行事）と並んで児童生徒の非認知的スキルの育成効果があります。代替機会が確保できないうちに学校から切り離すことには、非認知的スキルの格差拡大のリスクを負います。格差問題への対処を考慮すると、そう簡単には手を緩められるものではありません。

　公立学校は、経済格差を基盤とする教育格差・学力格差の縮減を実現することを使命とする機関です。家庭での家族構成や就労環境の変化、保護者が保有するネットワークの質と量の低下に伴う「家庭の教育力の低下」が言及されるなかで、家庭に多くを期待することは困難です。文部科学省「児童生徒の問題行動・不登校等生徒指導上の諸課題に関する調査結果」では、低学年の不登校の増加傾向が示されています。また、日本財団の調査では、家庭の家族構成や家計状況が不登校の出現に多大な影響を与えていることが判明しています（日本財団 2018）。家庭でのスクリーンタイムについても同様です。家庭訪問の縮小・廃止で、児童生徒の背景が見えにくくなった今日では、家庭に生活習慣指導を委ねることはかなりのリスクがあります。教育格差の縮小を学校の使命と捉えることで、家庭の負荷を高めるような役割分担・適正化は困難なものとなります。

　教育格差の縮小に加えて、学校には地域活性化の拠点、貧困福祉問題、性の多様性問題、特別支援教育、ICT 教育等、人生を豊かにするための基盤形成とプラットフォームの機能が求められ、教員には継続

的な学習による高度な対処能力が求められています。コミュニティ・スクールがシステムとして機能し、専門スタッフや外部人材等が潤沢に配置されていれば、その求めに十分に対応できるかもしれません。しかし、学校運営協議会のみを設置したような学校では、プラットフォーム化は困難を極めます。地域に人材がいない場合や、予算がない場合（継続性が期待できない場合）は、教員不足と相まって、コミュニティ・スクール事業は壮絶な結果を招くおそれもあります。

⑻　子供たちの熱意への応答──「私がやらねば誰がやる」

　最後に、長時間勤務の原因として、児童生徒の熱意への応答現象について言及しておきます。教員が意図的に長時間勤務を選択しているわけではなく、児童生徒の熱意に応える過程で、どうしても長時間になってしまう現象です。特に、代替的指導者がおらず、当該教員しか児童生徒の願いを支援できる人物がいない状況下で発生します。

　たとえば、地方の工業高校では、意欲と能力の高い生徒はより高度な資格取得へと挑戦します。しかし、そのためには授業中の学習だけでは対応できません。そこで、教員が生徒の熱い思いに応えようと、放課後に生徒を集めて、資格取得のための特別指導を行っています。資格取得のための塾も、外部講師招聘の予算もなく、高度な専門性が必要であるため地域住民による対応も困難です。教師は、「私がやらねば誰がやる」の状況下で、教職としての使命を選択します。

　また、地方の普通科進学校では、午前７時過ぎに生徒が朝の自主学習にやってきます。放課後も自習室で生徒が残って学習します。その生徒を、有志教員が当番制で指導しています。近くに大学等があれば、夕方補習で大学生の支援が期待できますが、大学等がない地域では高校レベルの学習指導ができる人材は教員に限られます。部活動も同様です。もっと強くなりたい、全国大会の舞台に立ちたい等の生徒の熱意が示されている場合、なおかつ代替指導者が不在の場合、「私がや

らねば誰がやる」状態となります。

　小学校の場合、登校意欲はあっても、いまひとつ登校に踏み切れない児童がいます。親は学校に行ってほしいとの思いを持っています。ある小学校（大規模校）では、養護教諭が毎朝、こうした状況下にある子供たちを迎えに行き、子供たちの学習は保障され、保護者による学校への信頼は劇的に高まりました。校長にとっても勇気が必要な決断でしたが、それを見事に成し遂げました。「スクールソーシャルワーカーにさせればよい」という声が聞こえてきそうですが、これは未配置の状況下でのことです（配置されていたとしても、不登校をゼロにできたかどうか）。

　同じく小学校では、子供たちの学習意欲が高く、授業での反応も大きいです。子供たちの成長が手に取るようにわかるため、教材研究を積み重ねて授業の準備を丁寧に行ったことから生まれる手応えは、忘れることができません。児童の授業中に示す熱意が、教員をさらなる教材研究へと向かわせます。

　子供たちの熱意に応答せんとするこれらの教員の職務行動は、上司に言われてやらされているものではありません。自らが教職の使命に基づき自主的に選択しています。こうした背景をふまえずに「働き方改革だからやめなさい」と口にする校長が信頼されることはないでしょう。廃止削減すべきは、これらとは別の「働きがい」なき業務です。

≫　在校等時間を減少させることの困難

　以上、在校等時間が減少しない理由として、8つの仮説を提示しました。教員不足によって一人あたりの業務量増加の状況が各地で発生しています。授業時数も多く空きコマが少なくなっています。地域によっては外部人材不足や受け皿不足のため移行が困難であり、移行に伴う調整コスト増加が予測されます。また、全国的な大量採用現象に伴い若手教員が増加しています。若手教員は初めての仕事が多いため、

どうしても職務遂行に時間がかかり、若手教員が多い学校では勤務時間が長くなる傾向にあります。

　困難を抱える教員がいる一方で、小学校の約半数の教員は、業務時間が縮減されたとしても、教材研究や職能開発に充てたいと回答する等、充実した教職生活を送っている教員も多いです。専門職としての自律性と裁量性を重んじ、子供の幸せをわが幸せと思う職業特性を重視する教員が多く、時間よりも使命で仕事をしています。もはや時短は有益な指標となり得ていません。

　さらに、日本の中学校は世界でも珍しい男性過多の世界であり、男性のベテラン校長が学校経営にあたっています。管理職が業務分析・改善を推進し、業務の効率化を図る必要がありますが、管理職の異動スパンが短く、また、学び直しが十分にできていません。業務の効率化や削減は、教員を取り巻く信頼を毀損する可能性があります。信頼を切り刻むと後々に負荷が発生する可能性が予測されるため、効率化・削減に慎重となります。信頼を醸成することの価値を理解しており、信頼醸成のために時間を投資します。

　また、教育格差の縮減に貢献してきたという自負が強く、家庭・地域に委ねることに格差拡大のリスクを感じています。そして、子供たちの熱意が高い状況下において、教職の使命に基づき、それに応答するための付加的職務を創造します。在校等時間の縮減が今ひとつ進展していない学校の管理職は、これらの理由のいずれか（あるいはすべて）を抱え、思い悩んでいるのではないでしょうか。稲盛和夫氏の『働き方』（2009年、三笠書房）を読み、悩みを深刻化させている管理職も多いでしょう（今の教員の働き方改革は本当に正しいのだろうかと……）。70年前頃の調査でも、1日の平均勤務時間が約11時間でした（大沼2023）。このように長きにわたって慣行化しているものを、短期間で変えることは可能なのでしょうか。

　一方で、在校等時間を抑制できている学校も多数あります。教員不

足の状況になく、外部人材と受け皿も豊富です。ベテラン教員が多く、業務が円滑にまわっています。管理職がよく学び、業務改善も進んでいます。これまでの実績から教員を取り巻く信頼関係も良好です。大半の教員の勤務時間は縮減され、専門職・聖職の教職観や使命感が強い一部の教員のみが長時間勤務となっています（業務効率化で次の仕事に投資するタイプの教員）。長時間勤務が減らない理由を考察することで、うまく減らしている学校のイメージが浮かび上がります。

　憂慮すべきは、上限方針を絶対視する管理職の登場です。教員不足・外部人材不足・受け皿不足が顕著であり、若手教員率が高い状況にあっても、業務改善について学習せずにとにかく教員を帰らせます。教員を取り巻く信頼が醸成されていない状況では、学校に混乱をもたらし、副作用は絶大です。専門職・聖職の教職観や使命感が強い一部の教員からの強烈な反発も経験するでしょう。

　今、ただちに取り組むべきことは、上限方針の徹底や業務範囲の縮減を強く指示することよりも、人的・物的・財的資源の集中投資、若手教員の支援体制の強化、管理職（候補者を含む）の学習機会の確保および在校年数の長期化、校区レベルでの社会関係資本の醸成のための人員配置と組織編制、教員の学習機会の確保と裁量性の拡大、そして、学校による教育格差抑制機能（教職の仕事の価値を含めて）の再評価等ではないでしょうか。そして、このように社会的価値が高い職責を遂行している教職の処遇を改善することにあります。

　教職が困難な状況にあるから処遇改善を行うのではなく、教職が日本社会において決して欠くことのできない社会的価値を有するがゆえに処遇改善を行うのです。上限方針の徹底と業務範囲の縮減は、定年延長とセットで一定数の教員採用を持続することで、資源不足が解消され、授業時数上限・担任外教員増・空きコマ増加の現象が出現しはじめてからでよいのではないでしょうか。目指すところは、即時必達の時短ではなく、スモールステップでの漸進的な時短です。

第2章

働き方改革の
成果とは何か

2 章では、教職を高度専門職と仮定し、この職業観に適した働き方改革の成果指標として、①在校等時間の縮減に加え、②ワーク・エンゲイジメント（働きがいの代理指標）、③主観的幸福感、④抑鬱傾向、⑤職能開発機会の設定を提唱します。多様な指標の設定を通して、教育委員会や学校管理職が在校等時間を縮減すればよしとする風潮を批判的に検討し、②ワーク・エンゲイジメントと⑤職能開発機会を「働きがい要因」、④抑鬱傾向と①在校等時間を「働きやすさ要因」として、これらの2要因の両立が③主観的幸福感を高めるとする成果指標間の構造モデルを提案します。

1 働き方改革の成果検証の政策的意義

》 働き方改革の目的

　働き方改革の目的とは、「教師が疲労や心理的負担を過度に蓄積して心身の健康を損なうことがないようにすることを通じて、自らの教職としての専門性を高め、より分かりやすい授業を展開するなど教育活動を充実することにより、より短い勤務でこれまで我が国の義務教育があげてきた高い成果を維持・向上すること」（中央教育審議会2019：7）です。令和4年度教員勤務実態調査（速報値）では、周知のとおり、2016（平成28）年度から2022（令和4）年度の6年間で、小・中学校ともに1日平均30分程度の勤務時間の縮減が実現したと報告されています。働き方改革の目的である「より短い勤務」の指標については一定の成果が得られています。

　それでは、他の指標はどの程度達成できたのでしょうか。働き方改革の目的をふまえると、その成果指標は、①疲労や心理的負担の蓄積による心身の健康悪化の抑止（身体の健康、ウェルビーイング）、②教職としての専門性の向上（職能開発機会、ワーク・エンゲイジメン

ト）、③教育活動の充実（授業改善等）、④勤務時間の縮減、⑤成果の維持向上（学力向上・不登校減少等）に整理できます。令和４年度教員勤務実態調査では、これらの指標の測定を意図した項目が設定されています。しかし、平成28年度には測定していないものが多いため、過去との比較が困難です。

　そこで、中央教育審議会答申（2019）において働き方改革の目的提示と同時期に開始された、A県独自のパネル調査の結果から、特に2019（平成31）年度以降の働き方改革の成果を検討します。A県では、高度専門職としての働き方改革を標榜している点に、他県とは異なる特徴があります。まずは、A県において働き方改革を推進していくうえでの基本的な考え方について整理します。

2 働き方改革の基本的考え方 ―高度専門職としての働き方改革―

　A県における働き方改革の目的は、「教職員の心身の健康を保つとともに、誇りややりがいを持って能力を発揮できる環境を整え、子どもたちへ効果的な教育活動を行うことで、本県教育の質の更なる向上を図る」ことにあります。成果指標としては、①時間外勤務月80時間超及び45時間以内の教師の割合、②教師自身の学びの実践（専門書を読む、他校の見学、講座等への参加など）、③教職員のやりがい（ワーク・エンゲイジメント）、④教職員の抑うつ傾向（メンタルヘルス）、⑤教職員の主観的幸福感（ワーク・ライフ・バランス）の５点が示されています。

》 高度専門職としての教職像から見る働き方改革
　A県では、働き方改革を推進するうえで、高度専門職としての働き方改革の視点を重視しています。高度専門職としての働き方は、専門

性・自律性・奉仕貢献性の視点で整理することができます。以下、A県内における教育委員会主催の管理職研修等において、筆者が高度専門職としての教職像について継続的に主張し続けてきた内容です。

〈専門性〉

教職は高度な専門性を必要とする職です。このため、高頻度での知識・技能の更新が求められます。学ぶ時間が確保されないような働き方は、適当ではありません。また、学校は、協働志向のプロフェッショナルによって構成されるコミュニティです。こうしたコミュニティでは、相互作用による職能成長が期待されます。職場としての学校の中で学び合い、高め合うものであり、授業研究の優先順位を下げるような働き方は適当ではありません。高度専門職としての働き方改革の文脈では、教員の主体的な学習や研修を積極的に削減するような発想は出てきません。ただし、一方向的な説明や指示が中心の研修の内容・方法・頻度についての見直しは必要であり、いわゆる「説教研修」のような効果の薄いものは削減対象です（露口2020a）。

教職は学習指導・生徒指導等において高度な専門性が求められ、専門的力量の獲得が養成・採用・研修過程において求められます。児童生徒を対象とする指導や学級経営の範囲を超えた会計業務や集金業務は教育のプロフェッショナルの仕事には入りません。教員の専門性の範囲を超えた業務を教員が担当している点は問題であり、早急に見直す必要があります。

〈自律性〉

専門職には、専門的知識・技能を発揮するための自律性と自由裁量が重視されるべきです。働き方についての過剰な統制管理は、教員の自律性を阻害するものであり、意欲低下を引き起こすリスクがあります。学校における息苦しさの理由のひとつは、働き方の画一化と強制圧力にあるといえます。この管理方針は、専門職の要件である専門的自律性とマッチしません。自らのキャリアに応じて働き方を選択でき

る多様性と柔軟性、自分の働き方を管理職と共に構築していくオーダーメイドスタイルが、教員の専門的自律性を尊重した働き方改革の進め方であると考えられます。

〈奉仕貢献性〉

子供たちの教育を本務とする教員には、当然のことですが他者への奉仕・貢献が求められます。「子供たちと向き合う時間の確保」が業務改善の主旨とされていますが、一方で、子供たちと向き合う時間を削減するような業務改善も多数提案されています。たとえば、児童生徒の休み時間における対応、校内清掃、部活動等は、子供たちと向き合う大切な時間ではないでしょうか。そのように考える教員は少なくないでしょう。これらの業務を教員の手から切り離すことを、すべての教員がポジティブに捉えているわけではありません。奉仕貢献性の教職特性は、不易要素であり、今後も重視していく必要があります。

》 時短第一主義の弊害

厚生労働省は働き方改革を「この課題（生産性向上、意欲・能力を存分に発揮できる環境を作ること）の解決のため、働く方の置かれた個々の事情に応じ、多様な働き方を選択できる社会を実現し、働く方一人ひとりがより良い将来の展望を持てるようにすること」[*1]と定義しています。働き方の多様化・弾力化、主体的選択の実現に価値を置く定義です。これらの価値が実感できる「魅力ある職場づくり」を実現し、「人材の確保」「業績の向上」「利益増」の好循環をつくることを働き方改革の目的として示しています。

一方、文部科学省は、教職に絞り込んだ、より具体的な働き方改革の目的を提示しています。すなわち、既述したように、働き方改革の目的には「メンタルヘルス増進」「職能成長」「能率化による教育成果

＊1　https://www.mhlw.go.jp/stf/seisakunitsuite/bunya/0000148322.html

の向上」等の個人的価値が含まれていますが、厚生労働省の目的にある「魅力ある職場」等の組織的価値は含まれていません。「魅力ある職場」づくりが働き方改革の目的として見えにくいため、教員の働き方改革の推進の文脈では、同僚・管理職との信頼関係への関心が薄いように思われます。

　また、中央教育審議会答申（2019）では、長時間勤務の解消が問題として設定されているため、「勤務時間管理の徹底」「勤務時間・健康管理を意識した働き方の促進」「学校・教師が担う業務の明確化・適正化による在校等時間の縮減」等、勤務時間の縮減という上記目的達成のための方法に多くの分量が割かれています。また、同答申と同時に発表された「公立学校の教師の勤務時間の上限に関するガイドライン」では、1ヵ月の在校等時間（自己研鑽の時間は除く）について原則45時間を超えないこととする上限目安が設定されました。ただし、特例として、60時間未満（1年間720時間上限）、80時間未満（複数月平均）、100時間未満（デッドライン）といった複数の基準が設けられており、教育委員会・学校・教職員の実情をふまえた基準適用の余地は残されています。

　働き方改革の政策パッケージ展開において、成果指標を設定する教育委員会は多いですが、ここにワナがあります。働き方改革の目的群、すなわち、①疲労や心理的負担の蓄積による心身の健康悪化の抑止、②教職としての専門性の向上、③教育活動の充実、④勤務時間の縮減、⑤成果の維持向上は、④を除いて数値化が困難なものばかりです。そこで、数値化が容易である在校等時間が代理指標として採用される傾向が強くなります。

　月当たりの在校等時間が45時間（あるいは80時間）以上の教職員の割合が集計され、これが地元の新聞やニュース等で報道され、議会での説明も求められます。そのため、教育委員会・学校は、在校等時間の縮減に強烈な関心を持ちます。文部科学省の調査報告「教育委員

会における学校の働き方改革のための取組状況調査」においても、在校等時間（45時間以下の比率）に関するデータ、在校等時間の測定方法が前半部分を占めていることの影響も大きいといえます。

　こうして、勤務時間の短縮は働き方改革の「一指標」から「絶対的指標」へ、また「教育効果向上の方法」から「目的」へとすり替わります。在校期間の短い管理職は、中期的な「業務改善戦略」を描く時間もなく、成果があがったように見える「強制帰宅戦略」を採ります。「帰れ帰れ」の大合唱は、教職員にとっては管理強化と知覚され、多様化・弾力化とは逆方向の働き方の画一化につながります。

　子供への奉仕貢献を使命とし、高度専門職としての誇りを持って教育成果をあげてきた教職員の働き方を一方的に誤りと決めつけ、主体的・創造的に築きあげてきた仕事の流儀を否定する。職場のコミュニケーション機会は減り、最も困難な状況に陥りやすい初任者教員にとっての相談機会も激減する――。時短第一主義をとる学校で、教職員のモチベーションは高まったのでしょうか。学力向上や不登校減少は実現しているのでしょうか。学校の存立基盤である信頼を軽視する学校に、教育成果が出現する可能性は低いです。管理職と教職員間、教職員間、教職員と保護者間等において、対立・葛藤は増加してはいないでしょうか。

　働き方改革の成果指標を時短に限定することで、働き方改革関連事業の成果が適切に評価されない可能性があります。教員や外部人材を潤沢に投入したにもかかわらず、在校等時間が減少していないとなれば、その事業には効果がなかったと判断されてしまいます。政策評価において、働き方改革の目的として設定されている時短以外の複数の要因も成果指標として設定することが必要です。

》 「働きやすさ」と「働きがい」の視点

　斎藤（2019）は、働き方改革の推進において、長時間労働の削減

ではなく、「働きがいのある会社」を増やすことの有効性を主張しています。さらには、長時間労働の削減を目標として掲げることの「負の効果」を強調しています。

　たとえば、「単に残業規制を要求すると、知恵と工夫で業務改善ができる人がいる一方で、やり方を変えることができずに苦役度が増す人が多数出て」きます。「2時間かけてやっていた仕事を、同じやり方で、それを1時間でこなすことは苦痛」にほかなりません。「組織的にかつ自主的に業務改善に取り組まないと、多くの人に負担が増える」ことになります。「人は自分の仕事の進め方を変えることに大きな抵抗があり、上から新しいやり方を指示されることはモチベーションを阻害」します（斎藤 2019：14-15）。

　また、厳格な残業ルールのもとでは、同僚間等のコミュニケーションに制約がかかるおそれがあるとして、自主性をベースに、チームで業務改善を推進し、従業員のモチベーションを高めることに価値をおく働き方改革の推進を推奨しています。働き方改革とは、働きがいのある職場（会社・学校）を創りあげるための<u>組織開発</u>なのです。

　教員の働き方改革には、「働きやすさ」と「働きがい」の2つの価値が含まれています（谷田部 2016）。前川（2016）では、「大事なことは、『働きやすさ』の整備を進めながら、仕事そのものから生まれる『働きがい』をどのようにして高めていくかということ」（p.143）にあると主張しています。

　「働きやすさ」次元では、教員の健康・安全・福利厚生を重点テーマとし、心にゆとりを持って安心して働ける組織・職場づくりが目指されます。文部科学省定義では、「教師が疲労や心理的負担を過度に蓄積して心身の健康を損なうことがない」職場が、「働きやすさ」を具現化した職場といえます。

　一方、「働きがい」次元では、教員が仕事に熱意と誇りを持ち、仕事を通しての達成感・充実感・成長感が得られる組織・職場づくりが

目指されます。文部科学省定義では、「自らの教職としての専門性を高め、より分かりやすい授業を展開するなど教育活動を充実」できる職場が、「働きがい」を具現化した職場といえます。

　働き方改革では、「働きやすさ」と「働きがい」の双方の価値を実現した、「この職場で働き、成長したい」とする実感をより多くの教員が持つことで、教員のウェルビーイングを向上させることが真の目的であると考えられます。

　本書のテーマである「働きやすさ」と「働きがい」の両立の価値は、中央教育審議会答申（2022）において、校長の役割として指摘されています。「校長のマネジメントについても、学校で働く人材の多様化が進むなか、職場の心理的な安全を確保し、働きやすい職場環境を構築するとともに、教職員それぞれの強みを活かし、教師の働きがいを高めていくことが一層求められる。」（下線部は筆者が追記）

　また、中央教育審議会初等中等教育分科会「質の高い教師の確保特別部会」の提言[*2]においても、以下の記述が認められます。「これから長い教職人生を歩む若手教師をはじめとする全ての教師はもとより、教師を志す学生等にとっても、学校が、働きやすさと働きがいを両立する職場であることは重要なことである。」（下線部は筆者が追記）

≫　現状に応じた「働きやすさ」と「働きがい」の両立

　働き方改革が求められるのは、教員の「働きやすさ」と「働きがい」が両立していないからです。学校における働きやすさと働きがいの状況を組み合わせると**図2-1**のように整理できます。第1象限には働きがいと働きやすさが両立している学校、第2象限には働きやすさ重視の学校、第3象限には働きがいと働きやすさを共に欠く学校、第

[*2]　「教師を取り巻く環境整備について緊急的に取り組むべき施策（提言）（2023〈令和5〉年8月28日）　https://www.mext.go.jp/b_menu/shingi/chukyo/chukyo3/099/mext_01551.html

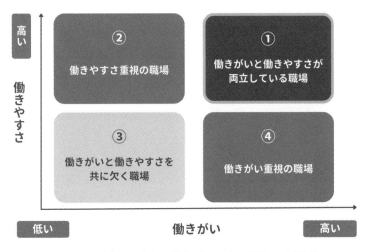

図2-1　働きやすさ×働きがいによる学校の4類型

4象限には働きがい重視の学校がそれぞれ布置されます。

　近年、指針をふまえた上限方針の教育委員会規則等整備、いわゆる3分類を視野に入れた業務改善、ICT活用による校務効率化、教員配置と外部人材（特に教員業務支援員）活用等が、政策パッケージとして展開されています。文部科学省では、2019（令和元）年度以降、在校等時間が45時間以下の教員は減少傾向にあることを成果として提示しています[*3]。つまり、働きやすさに欠ける状況から、働きやすさの実現を目指しているのです（③④⇒②）。この施策がトップダウンで進行するため、学校管理職のリーダーシップは、一定の強制性を伴う上意下達の「管理型」となりやすくなります。

　しかし、第4象限（働きがい重視）から第2象限（働きやすさ重視）に移行した職場では、働きがいが低下する可能性、職能成長や教育効果向上の意識が薄まり、ぬるま湯状態となるリスクがあり、教員の働きがいが低下することに伴う負の効果を見定める必要があります。

---

*3　https://www.mext.go.jp/content/20221223-mxt_zaimu-000026593_4.pdf

第4象限（働きがい重視）の学校は、働きがいを維持したうえでの働きやすさの向上を目指す必要があり、フォロワーに対する奉仕貢献を軸とするサーバント・リーダーシップや権限付与によってフォロワーの活力を高めるエンパワーメント・リーダーシップ等の「支援型」のリーダーシップ（露口 2011）が有効であると考えられます。

　一方、第3象限（両方マイナス）の学校では、教員を取り巻く信頼関係が醸成されていない可能性が高く、そのような状況下で、第2象限（働きやすさ重視）へと舵を切ることは容易ではありません。児童生徒、保護者、同僚、管理職との信頼関係が十分でない状態で生まれる働きやすさを実現したとして、その先に教育効果の向上が実現できるかどうかは疑問です。第3象限（両方マイナス）の学校は、まずは、第2象限（働きやすさ重視）ではなく、教員を取り巻く信頼関係を醸成するとともに、フォロワーのインスピレーションを高め、知的刺激を提供する「変革型」のリーダーシップによって働きがいを向上させ、第4象限（働きがい重視）を目指す必要があると考えられます。そのうえで、教員を取り巻く信頼関係を醸成し、働きがいを高めることで、次のステージとして「支援型」のリーダーシップによって第1象限（両立）を目指すべきでしょう。

　しかし、上限方針が強力な自治体にある学校では、第3象限（両方マイナス）から第4象限（働きがい重視）への移行に制約が課され、現状にとどまるか、第2象限への移行を迫られるかの選択となる傾向にあります。困難な状況にある学校が、時短第一の働き方改革を実行して改善されるとは考えにくいのです。

》 「働きやすさ」を重視した改革と「働きがい」を重視した改革

　働きやすさと働きがいが両立した職場の実現にはたいへんな困難を伴います。**表2-1** は、上限方針に過剰適応した、ある自治体での「働きやすさ」重視の改革方針の一覧です（左側）。一方、別の自治体で

表 2-1 働きやすさ改革と働きがい改革

働き方改革の価値（働きやすさ）	働きがい改革の価値（働きがい）
時間短縮重視	**ワーク・エンゲイジメント**重視
上限を超えないことが最優先（持ちかえり可）	家庭生活を含めた**ウェルビーイング**重視
キャリアを問わず画一的	キャリアに応じて**弾力的**
全員に画一的に対処	**オーダーメイド**の多様な生き方を認める
働き方は管理職が押しつける	働き方は教員が**主体的**に考える（自律的専門職）
働き方に関するルールがどんどん増える	ルールは**最小限**
労働者としての教員像	**高度専門職**としての教員像
教員の意識改革に責任を帰属	**管理職のマネジメント**に責任を帰属
業務の量的縮減を目指す	業務の**質的改善**を目指す
ワーク・ライフ・バランス	**ワーク・アズ・ライフ**
信頼の優先順位が低い	**信頼**の優先順位が高い
自分の幸せ	**子供や他の人々の幸せ**
今の自分を楽にする	**未来**の自分を楽にする
仕事を減らす	**仕事を面白く**する
なによりも早く帰ることが大切	**教職の使命**こそが大切

は、高度専門職として専門性・自律性・奉仕貢献性を重視した働きが
い重視の改革を推進しています。この自治体が重視する「働きがい」
の改革方針の一覧を対照的に記述しました（右側）。なお、これは自
治体が公式に表明している方針ではなく、筆者の認識であることを断
っておきます。

　それぞれの自治体には、以下のような特徴が見られます。

〈「働きやすさ」を重視する自治体〉

①勤務時間（在校等時間）の短縮が最重要の成果指標となる。

②教育委員会が示す上限を超えないことが最優先される。

③働き方のルールは、若年層からベテランまでのキャリアを問わず、
　画一的に適用される。

④勤務時間が長い教員には、理由を問わず、実質的なペナルティが課
　される。

⑤管理職は画一的な働き方のルールを職員に押しつけ、ルール遵守を
　管理する。

⑥働き方に関する詳細なルールが際限なく増える。たとえば、心身の不健康が全く認められない場合でも2ヵ月連続で基準を超えるとカウンセリングが義務づけられる。

⑦教員の労働者としての側面が強調される。

⑧教員の意識改革にすべての責任が帰属される。管理職は「教員の意識改革こそが重要」と語り、自己のマネジメントは不問とする。

⑨業務の量的縮減を目指す。

⑩仕事と家庭・地域生活を切り離したうえでの時間のワーク・ライフ・バランスが重視される。

⑪時間や業務の縮減が優先されるため、醸成に時間と手間を費やす信頼は軽視される。

⑫自分の幸せを第一義的に考える。

⑬時間と業務の縮減で今の自分を楽にすることを重視する。

⑭仕事を減らすことを重視する。

⑮何よりも早く帰ることが重要であり、このことが管理職から求められる。

〈「働きがい」を重視する自治体〉

①ワーク・エンゲイジメント（働きがいの代理指標、詳細は後述）を重視する。

②仕事・家庭・地域生活を含めたウェルビーイング（身体的・精神的・社会的に良い状態）を重視する。

③働き方のルールはキャリアに応じて弾力的に運用される。

④管理職と各教員との対話を通してオーダーメイドの多様な働き方を作り込む。

⑤働き方は管理職が強制するのではなく教員が主体的に考える。

⑥働き方に関するルールは必要最小限。

⑦教員の高度専門職としての側面が強調される。

⑧管理職のマネジメントに責任を帰属する。教員のワーク・エンゲイ

ジメントやウェルビーイングは、学校間格差が激しく管理職のマネ
ジメントに左右されるところが大きいことを、管理職自身が理解し
ている。

⑨業務の目的の達成を意識した質的改善が目指される。

⑩仕事と私生活を切り分けるのではなく、仕事と私生活を一体化させ
ることにより、ストレスを適切に管理し充実した生活を送る考え方
（ワーク・アズ・ライフ）を重視する。

⑪信頼を学校の存立基盤と捉え、その醸成に力を入れる。特に、同僚
相互との信頼関係を重視し、対話時間を大切にする。

⑫自分が幸せになってほしい人が幸せである状態をわが幸せと認知す
る奉仕貢献的な幸福感を大切にする。

⑬未来の自分を楽にすることを重視する（業務や研修は未来の成長へ
の投資）。

⑭仕事を面白くすることを重視する。

⑮すべての子供たちのためにという教職の使命の達成を大切にする。

　後者の自治体のような奉仕貢献的な使命を持つことは長時間勤務に
つながり、教員を苦しめているとの見解が各所で示されています。し
かし、この使命感を持てていないこと、周囲から持つことを否定され
ることの方が、教員にとっては苦しいのではないでしょうか。

》　「働きやすさ」と「働きがい」を両立する基盤としての信頼

　既述したように、「働きやすさ」次元では、教員の健康・安全・福
利厚生を重点テーマとし、心にゆとりを持って安心して働ける組織・
職場づくりが目指されます。一方、「働きがい」次元では、教員が仕
事に熱意と誇りを持ち、仕事を通しての達成感・充実感・成長感が得
られる組織・職場づくりが目指されます。

　双方の両立基盤は、教員を取り巻く信頼関係、すなわち、児童生徒
との信頼関係、保護者との信頼関係、同僚教員との信頼関係、そして、

管理職との信頼関係であると考えられます。児童生徒からの信頼が得られず、保護者からの苦情が殺到している状況で、「働きやすさ」「働きがい」を実感することはありません。また、同僚や管理職との関係が築けずに孤立していたり対立していたりする状況も同様に、「働きやすさ」「働きがい」を実感することは困難でしょう。

「働きやすさ」の価値のみを重視した働き方改革では、以下のように信頼関係が失われるリスクがあります。

○定められた時間での画一的な退勤のために、教員相互の対話機会が縮減する。

○同僚に話しかけることがはばかられ、定時を超えて対話していると「話す時間があるなら帰れ」と管理職に言われる。

○周囲に相談しながら授業や行事をつくる初任者教員や若年層教員は、同僚に相談することなく、自宅での準備を強いられる。

○管理職との対話機会も、新型感染症ウイルス拡大の影響で減少しているにもかかわらずさらに短くなり、管理職による声かけの機会も縮減する。

○業務量の縮減が求められ、教育効果や信頼醸成とはほぼ関係なしに、家庭や地域の連携行事が容赦なく削減される。

○子供に寄り添い信頼関係を醸成できる時間である、給食・清掃・部活動等も縮減の対象となる。

信頼は学校の存立基盤です（露口 2012：6）。信頼は社会システムにおける接着剤・潤滑油として機能し、監督や行動統制にかける時間的コストを縮減できます。協力関係を促進する機能、秩序を維持する機能、組織や社会の活動成果を高める機能等も信頼の効用として指摘されています。学校が組織として存立するために必要な機能の大半は、信頼を基盤としています。

信頼の縮減によって、人々は多様な局面での心理的・時間的コストの増幅と秩序機能の低下を経験します。たとえば、校長と教員との関

係では、信頼の縮減により、円滑な業務遂行への不安という心理的コストの増幅、職務活動上の相手への監視コストの増幅、対人トラブルの発生、非協力的な反応の増加による教育活動の停滞等のネガティブ事象の出現が予測されます。校長が教員を信頼し、校長が教員から信頼されることで、職務遂行の効率化は進展するでしょう。

　ちょっとした時短戦略よりも、信頼醸成の方が、職務パフォーマンスの効果は大きいです。たとえば、露口（2023b）では、抑鬱傾向の抑制効果として、信頼関係スコア（0 − 10）が複数年平均から 1 点変化する効果は、時間外勤務時間が 15 − 20 時間減ることよりも高い効果を持つことが確認されています。

3 働き方改革の成果指標

　A 県では、既述したように、働き方改革の目的をふまえた 5 つの成果指標を設定しています。成果指標とは、働き方改革が適切に推進されたかどうかを判断する基準です。5 つの成果指標は、働きやすさ系統として、「抑鬱傾向」と「時間外勤務時間」、働きがい系統として、「ワーク・エンゲイジメント」と「職能開発機会」、双方の両立を確認する指標としての「主観的幸福感」に区分できます（5 指標間の関連性については後述します）。

⑴　時間外勤務時間[*4]

　勤務時間については、時間外勤務の上限である月 45 時間以内の教師を着実に増加させつつ、時間外勤務が月 80 時間を超える教師をゼロにすることが明記されています。年 1 回の調査（11 月実施の WEB

[*4] 調査において「在校等時間」と定義すると、回答の歪みが生じる可能性があります。行政調査で用いられるものと表現を変えることで、より率直な回答を引き出せると考えました。

アンケート）において、1ヵ月の時間外勤務時間を「0 ～ 45 時間以下」「45 時間超～ 60 時間以下」「60 時間超～ 80 時間以下」「80 時間超～ 100 時間以下」「100 時間超」とした 5 段階から選択する方法で、成果指標の達成状況を確認しています。

　データ収集においては、A 県教育委員会と教職大学院の研究チームとが連携し、東京の民間企業（政策基礎研究所）の支援を得て実施されています。回答者の情報はすべて民間企業において収集・整理・集計されます。このことは調査依頼状のトップに明記されていて、個人特定にかかる回答者の心理的不安の抑制に努めています。

　A 県では、短期的に 45 時間以内を 100% にするのではなく、まずは、様々な心身への弊害が検証されている 80 時間超をゼロとすることを、現実をふまえての一次目標として設定しています。

　脳・心臓疾患の労災認定において、発症前 1ヵ月間に 100 時間または 2 － 6ヵ月間平均で月 80 時間を超える時間外労働は、発症との関連性が強いとされます。しかし、労働時間以外にも、勤務時間の不規則性（拘束時間の長い勤務、休日のない連続勤務、勤務間インターバルが短い勤務、不規則な勤務・交替制勤務・深夜勤務）、事業場外における移動を伴う業務（出張の多い業務）、作業環境（温度環境、騒音）、心理的負荷を伴う業務（日常的に心理的負荷を伴う業務〈常に自分あるいは他人の生命、財産が脅かされる危険性を有する業務、危険回避責任がある業務等〉や出来事〈事故や災害の体験、仕事の失敗、過重な責任の発生等〉）、身体的負荷を伴う業務等が負荷要因としてあげられており、時間は説明変数のひとつとして位置づけられています（厚生労働省 2023）。

　また、1ヵ月の時間外勤務時間が 80 時間を超える教員は、0 － 45 時間、45 － 60 時間、60 － 80 時間の教員に比べて主観的幸福感が大幅に低下すること、抑鬱傾向が急激に上昇することが確認されています（Tsuyuguchi 2021）。教員不足による個人負担増＝勤務時間超過

が問題の根底にあると推察される今日、心身に重大な影響を及ぼすポイントを基準とし、教員不足の解消と共に漸進的に勤務時間を縮減するストーリーが描かれています。教員不足のなかで、数少ない資源の一つである時間利用に大幅な制約が課され、今以上の教育効果が求められ、できなければ努力が足りないと批判される世界では、教員のモチベーションは低下の一途をたどるでしょう。なお、教示文・質問項目・回答選択肢は以下のとおりです。

　あなたの先月（10 月）の 1 か月間の時間外勤務時間を選択してください。数値を把握していない場合、グループウェア「勤務状況管理」の「出退勤状況記録表」の「時間外勤務時間の合計時間」の数値から、「自己研鑽の時間」「休憩・その他業務外の時間」「外部団体業務等の時間」の合計を分かる範囲で差し引くなどし、下記選択肢から選んでください。（分単位の算出など不要。厳密でなくて構いません。）
0 〜 45 時間以下／ 45 時間超〜 60 時間以下／ 60 時間超〜 80 時間以下
80 時間超〜 100 時間以下／ 100 時間超

⑵　主観的幸福感
　主観的幸福感とは、「人々の感情反応、場面ごとの満足感、総合的な生活満足の判断を含む諸現象」（Diener et al. 1999 : 277）を意味します。測定方法としては、一項目測定法（幸福・生活満足状態を 0 － 10 の 11 段階の尺度で測定〈11 件法〉）、感情測定法（ポジティブ感情とネガティブ感情の心理測定）、認知・感情統合測定法（Diener らの人生満足尺度、繁栄尺度等）があります（露口 2017）。
　主観的幸福感の測定においては、それを多様な要素から構成されているものと見なす立場と、多様な要素は幸福の実感を規定する外部要因であるとする立場があります（Tsuyuguchi 2021）。今回の調査では、測定の簡便性や OECD 等での使用実績をふまえて、後者の立場

をとることとし、Fordyce（1988）が提唱している一般的幸福尺度（Happiness ／ Unhappiness Scale）を採用することとしました。これは、最高に幸福な状態を 10、最高に不幸な状態を 0 として、直近 1 ヵ月の状況を 11 段階尺度で測定する方法です。OECD の幸福度調査においても使用されています。

　主観的幸福感は特に場面を特定しない限りは、家庭生活の状態も含む包括的な概念となります。この得点が高い教員は、家庭と仕事のいずれかに不調があるわけではなく、両面の満足感が高いと推察されるため、ワーク・ライフ・バランスがとれている教員であると考えられます。

(3)　働きがい（ワーク・エンゲイジメント）

　各自治体の働き方改革の目的だけでなく、成果指標に「働きがい（やりがいと同義）」を明記しています。働きがいは測定が困難であるため、成果指標としての設定が困難です。しかし、近年、われわれが働きがいと表現する現象を測定＝視覚化するツールとしてワーク・エンゲイジメントが注目されています。

　ワーク・エンゲイジメントとは、「仕事に関連するポジティブで充実した心理状態であり、活力、熱意、没頭によって特徴づけられる。ワーク・エンゲイジメントは、特定の対象、出来事、個人、行動などに向けられた一時的な状態ではなく、仕事に向けられた持続的かつ全般的な感情と認知」（島津 2014：28）を意味します。本調査では、島津（2014）において紹介されている日本語版 UWES（Utrecht Work Engagement Scale）を使用しています。これは世界各国で使用されている尺度であり、研究目的の場合は無料で使用できます。

　測定には複数の方法がありますが、A 県では、9 項目尺度を使用しています。なお、令和 4 年度の教員勤務実態調査では 3 項目のショート版を使用して、働きがい＝ワーク・エンゲイジメントを測定してい

ます。ワーク・エンゲイジメントは、コンサルタント企業においても活用されており、民間企業でもその意義は注目されています（日本の民間企業におけるワーク・エンゲイジメントの低さが、世界的に見て際立っています）。教示文・質問項目・回答選択肢は以下のとおりです。

　質問文について感じたことがある頻度について「全くない（0点）」「ほとんど感じない／1年に数回以下（1点）」「めったに感じない／1ヵ月に1回以下（2点）」「時々感じる／1ヵ月に数回（3点）」「よく感じる／1週間に1回（4点）」「とてもよく感じる／1週間に数回（5点）」「いつも感じる／毎日（6点）」のうち、最もあてはまるものを一つお選びください。

1. 仕事をしていると、活力がみなぎるように感じる。
2. 職場では、元気が出て精力的になるように感じる。
3. 仕事に熱心である。
4. 仕事は、私に活力を与えてくれる。
5. 朝に目が覚めると、さあ仕事へ行こう、という気持ちになる。
6. 仕事に没頭しているとき、幸せだと感じる。
7. 自分の仕事に誇りを感じる。
8. 私は仕事にのめり込んでいる。
9. 仕事をしていると、つい夢中になってしまう。

　ワーク・エンゲイジメントは、「バーンアウト」の対極にあります。また、「ワーカホリズム」と似た感じですが、こちらは活動水準が高いものの仕事への態度にネガティブな傾向がある状態を示すものであり、ワーク・エンゲイジメントとは全くの別物です。職務の快適さは高いが活動水準が低い「職務満足」とも異なる概念です（島津2014）。

学校内のすべての教員のワーク・エンゲイジメントが高い状態は考えにくいですが、すべての教員のワーク・エンゲイジメントが低いと学校は回りません。円滑に運営されている学校では、何割かの教員が高いワーク・エンゲイジメントを持ち、学校の士気をリードしているでしょう。また、長い教職キャリアにおいて、常に高いワーク・エンゲイジメントを維持し続けることも現実的ではありません。若手のときはワーク・エンゲイジメントを高く持ち、結婚・出産・育児・介護・病気等のライフイベントが生じている場合は、職務満足スタイルに切り替える等、柔軟にスタイルを変更できることが理想です。

⑷　抑鬱傾向

　A県では、抑鬱傾向の測定において、国民生活基礎調査でも使用されたことがあるK6を使用しています。K6は、アメリカのKessler et al.（2003）によって、鬱病・不安障害などの精神疾患をスクリーニングすることを目的として開発された6項目尺度であり、一般住民を対象とした調査で心理的ストレスを含む何らかの精神的な問題の程度を表す指標として広く活用されています。ワーク・エンゲイジメント尺度と同様、研究目的の場合は無料で、令和4年度の教員勤務実態調査においても使用されています。教示文・質問項目・回答選択肢は以下のとおりです。

　過去1ヵ月にどれくらいの頻度で下記の項目を経験したかについて、「全くない（0点）」「少しだけ（1点）」「時々（2点）」「たいてい（3点）」「いつも（4点）」のうち、最もあてはまるものを一つお選びください。
　1．神経過敏に感じましたか。
　2．絶望的だと感じましたか。
　3．そわそわ、落ち着かなく感じましたか。

4．気分が沈み込んで、何が起こっても気が晴れないように感じましたか。

5．何をするにも骨折りだと感じましたか。

6．自分は価値のない人間だと感じましたか。

K6の分析・解釈においては、川上（2010）を参考として、5点以上をリスク群、10点以上をハイリスク群、13点以上を超ハイリスク群として、カットオフポイント（正常とみなされる範囲を区切る値）を設定しました。働きやすい職場で勤務する教員はK6の得点が低いと予測されます。

(5) 職能開発

また、A県では、教師自身の学びの実践を成果指標として掲げています。高度専門職としての教師を支える職能成長機会＝研修を推奨し、TALIS2018の質問項目を参考にして、教師の職能開発機会への参加状況を毎年確認しています。働き方改革を「教職＝高度専門職」を基盤として設計しているため、業務の効率化によって生み出された時間は、子供に関わる時間に充てるだけではなく、職能開発に投資すべきとする発想が基盤にあります。そのため、研修を勤務時間に含め、他の業務と共に削減しようとする動きはありません。

また、休日に開催される大学での講座への参加は、抑制どころか自己研鑽の機会として奨励されており、県内から多くの教員が参加しています。放課後の校内研修についても、若手教員を中心に、少人数の勉強会方式で実施している学校がいくつもあります。時間を自由に使い、学びたいときに、学びたいことを学ぶ。こうした学ぶためのゆとりを生み出すことが、高度専門職としての働き方改革であり、ここでは「働き方改革」と「学び方改革」の関連づけが意図されています。教示文・質問項目・回答選択肢は以下のとおりです。

あなた自身の学びの実践について、以下の9項目にお答えください（※教師以外の方は回答できる範囲で構いません）。過去12ヵ月の間に、次の職能開発に参加しましたか。「はい」「いいえ」「回答できない（教師以外のため）」

1. 対面式の講座やセミナー（例：総合教育センター・教育委員会・大学・その他機関が行う対面研修等）

2. オンライン上の講座やセミナー（例：総合教育センター・教育委員会・大学・その他機関が行うオンライン研修等）

3. 教員や研究者による研究発表、教育問題に関する議論をする会議（例：学会、研究会等への参加、総合教育センター調査・研究発表会、附属学校研究大会等）

4. 公式な資格取得プログラム（例：英語認定試験、教員免許、社会教育主事、司書教諭、防災士等）

5. 他校の見学（例：学校訪問研修、研究指定校の公開授業見学、異校種間交流、附属学校研究大会等）

6. 学校の公式な取組である同僚の観察・助言又は自己観察、コーチング活動（例：校内授業研修会等）

7. 教員の職能開発を目的とする研究グループへの参加（例：学会、教育研究団体、教科等の自主的研究会、専門分野の研究組織等）

8. 専門的な文書や書物を読むこと

9. その他（例：大学院派遣、長期社会体験、青年海外協力隊等）

これら9項目における「はい」の選択数を合計得点とします。多様な職能開発に参加した教員の点数が高くなるという特性と限界を持っています。

》》 信頼関係

教員を取り巻く信頼関係には、クライアント（児童生徒・保護者）、

同僚、管理職との信頼関係があります（Hoy & Tschannen-Moran1999 等）。そこで、われわれは、調査時点での児童生徒、保護者、同僚、管理職との信頼関係の程度についての主観的評価を求める調査項目を作成しました。尺度は、「極めて脆弱（0 点）」から「極めて強力（10 点）」までの 11 件法を採用しています。

　この測定方法には、いくつかの限界があります。第 1 に、信頼する側と信頼される側の区分が設定されておらず、日常の相互作用から生成される双方の関係を主観的に評価していること。第 2 に、個人と集団の区分が設定されておらず、教員と児童生徒（集団）、保護者（集団）、同僚（集団）、管理職（集団）の信頼関係を評価する際に、誰を具体的にイメージしているのかが不明であること。こうした限界はあるものの、設定できる調査項目数に制約があるため、教員を取り巻く信頼を以下の 4 項目について測定しました。教示文・質問項目・回答選択肢は以下のとおりです。

　あなたを取り巻く人々との信頼関係について、以下の 4 項目にお答えください。全体として、あなたは本年度開始から現時点まで、どの程度の信頼関係を築くことができていますか。番号（0 ～ 10）から最も近いものを一つお選びください。「0」を「極めて脆弱」、「10」を「極めて強力」とします。

1. 児童生徒との信頼関係（※教師のみご回答ください）
2. 保護者との信頼関係（※教師のみご回答ください）
3. 同僚教職員との信頼関係
4. 学校管理職との信頼関係

　なお、教員を取り巻く信頼関係は、主観的幸福感、ワーク・エンゲイジメント、および抑鬱傾向に対して因果的効果を持つことが確認されています（Tsuyuguchi 2023）。

4 成果検証データの生成

　A県では、働き方改革の目的を基盤に、成果指標と測定尺度を設定し、県内全教職員を対象とするWEBアンケートを実施することで、成果検証データを生成しています。小中学校調査は2020年度から、県立学校調査は2019年度から、毎月11月上旬〜中旬にかけて実施しています。

　小中学校調査は、教職大学院の研究グループと教育委員会との共同調査です。時間外勤務時間等の回答を求める調査では、教育委員会の影が見えると回答に歪みが出現するおそれがあるため、教職大学院が前面に立つこととなりました。回答用URLおよびQRコードは、教育事務所・市町村教育委員会経由で各学校の全教職員に配信されます。回答内容は教育委員会や教職大学院を経由せず、東京の民間企業（政策基礎研究所）で管理しています。

　県立学校調査は、教育委員会総務課が担当し、グループウェアを用いて全教職員に直接的に回答用URL・QRコードを配信しました。高校教育課と特別支援教育課ではない他部署を主体とすることで、特に時間外勤務時間に関する回答の偏りを避ける工夫を講じています。

　有効回収率については、小中学校調査2020年度は56.2%（4,848／8,621人）、同2021年度は59.7%（4,664／7,808人）、同2022年度は56.3%（4,174／7,412人）でした。また、県立学校調査2019年度は83.7%（3,649／4,362人）、同2020年度は83.6%（3,656／4,373人）、同2021年度は87.9%（3,865／4,399人）、同2022年度は87.5%（3,886／4,439人）でした。

　分析にあたっては、教員勤務実態調査の集計結果との比較を考慮して、対象をフルタイムの常勤教員（校長、教頭、主幹教諭、教諭、講師、養護教諭、栄養教諭等）に限定しています。また、信頼関係の分

析では、児童生徒信頼と保護者信頼については、学級（副）担任に限定しました。同僚信頼と管理職信頼では、校長と教頭を除外しました。

　集計結果の解釈においては、小・中学校で実施した2020年11月から2022年11月の調査期間が、新型感染症ウイルス拡大による様々な規制下にあった時期に相当することを考慮する必要があります。県立学校では、2019年11月という新型感染症ウイルス拡大前の時期から開始されているため、前後の変化の比較が可能となります。

　県立学校調査の単純集計結果は、A県の働き方改革成果指標の到達度の評価に使用され、WEB上で公開されます。分析結果は、働き方改革推進本部会議においてフィードバックされますが、各学校へのフィードバックはされていません。

　一方、小中学校調査の結果は、教育事務所別・市町村別・学校別に集計され、教育事務所単位の校長・教頭研修会、市町村の働き方改革担当者会議等において、フィードバックが提供されます。フィードバック資料はダッシュボード形式となっており、県教育委員会用（閲覧権限は全サンプルの分析結果）、市町村教育委員会用（閲覧権限は自治体内サンプルの分析結果）、学校用（閲覧権限は学校内サンプルの分析結果）の3通りが作成されています。

》　**教育委員会用ダッシュボード**

　県・市町村教育委員会用ダッシュボード（**図2-2**）は、①時間外勤務時間、②ワーク・エンゲイジメント、③主観的幸福感、④抑鬱傾向、⑤学びの実践（職能開発機会）の5つの指標と信頼関係の平均値をタコメーターで表示しています。また、度数分布・平均値・標準誤差等の基本統計も確認できます。さらに、これらの変数については、年齢・経験年数・性別・学校種・職位・部活動担当・最終学歴・学級数・担当児童生徒数・時間外勤務時間・平日睡眠時間・休日睡眠時間・担当学年・勤務校在校年数・市町村名・出身大学（大学院）の

働き方改革ダッシュボード【教育委員会版】

図2-2　働き方改革ダッシュボード・教育委員会版のイメージ

16変数とのクロス集計が可能です。クリックひとつで多様なクロス集計結果が閲覧できます。働き方改革の方針・戦略決定において教育DXやデータサイエンスを導入した先進事例であるといえます。

》》　学校用ダッシュボード

　学校用ダッシュボード（**図2-3**）では、時間外勤務時間、ワーク・エンゲイジメント、主観的幸福感、抑鬱傾向、学びの実践、信頼度（児童生徒信頼・保護者信頼・同僚信頼・管理職信頼の計40点満点）の棒グラフとタコメーターから構成されており、管理職がID・パスワード入力によって自校のグラフを閲覧できます。タコメーターは、データを4分割した四分位スコアでグレーからホワイトへと配色されており、グレーゾーンにタコメーターがある場合、注意が必要となります。A県では、働き方改革関連の調査結果を教育委員会のみならず、研修機会を通して全校の校長と教頭にフィードバックする検証システ

働き方改革ダッシュボード【学校版】

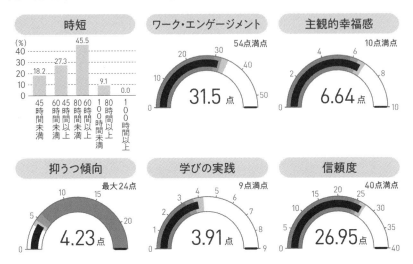

出所：（株）ベネッセコーポレーション『VIEW next』教育委員会版 2022 Vol.3
https://view-next.benesse.jp/view_section/bkn-board/article13378/

図 2-3　働き方改革ダッシュボード・学校版のイメージ

ムが確立されています。

　なお、データを解釈するうえで留意すべき点がいくつかあります。第 1 に、学校単位データは 6 人以上の回答者（教員以外の回答者を含む）が認められた学校のみを対象としています。極小規模校や回答者が 6 人に到達していない学校にはフィードバックが提供されていません。学校単位での回収率にも配慮が必要です。第 2 に、調査時期が教員にとって最も困難な状況に陥りやすい 10 － 11 月に実施されている点です。**第 6 章**の分析結果に示されるように、10 － 11 月は、1 年間のなかで在校等時間が最も長く、主観的幸福感は低く、抑鬱傾向が高い時季です。これは若手教員を対象とした資料によるものですが、他年齢層の教員にもあてはまるでしょう。教員勤務実態調査も秋頃に実施していますが、調査した時季のスコアは、教員にとって 1 年を通じて最も困難な時季に収集されていることを念頭におく必要があります。

第3章

働き方改革で教員・学校は
どう変わったか

3 章では、前章で紹介した成果指標とデータセットを用いて、働き方改革の成果の検証を試みます。教育委員会・学校へのフィードバックを想定した検証であるため、年度ごとの度数分布や記述統計等をグラフ化したわかりやすい表現が中心となっています。以下、在校等時間、ワーク・エンゲイジメント、主観的幸福感、抑鬱傾向、職能開発機会の順に結果の概要を説明していきます。なお、A県では、文部科学省が示す働き方改革の政策パッケージを参考として、特にICT活用、教員・外部人材配置、地域連携に重点を置いた事業を推進しています。

1 在校等時間

》 学校種別の1ヵ月の在校等時間の変化

　図3-1は、1ヵ月（10月）の在校等時間についての各学校種間・年度間の分布です。以下、A県の現実目標値である月あたりの時間外勤務時間80時間超の構成率に着目したうえで結果を紹介します。

　【小学校】2022年度は、11.7%（80時間超－100時間が8.9%、100時間超が2.8%）が月あたりの時間外勤務時間80時間を超えています。「平成28年度教員勤務実態調査」で週当たり勤務時間が60時間超（月あたりの時間外勤務時間80時間に相当）の33.5%からは大幅に改善されており、「令和4年度教員勤務実態調査（速報値）」の14.2%よりも低い値です。A県では時間外勤務時間80時間以上がゼロに近づくと、次は45時間超をゼロにする戦略を講じるといった漸進主義的な改革方針を保持しています。しかし、45時間超の構成率は3年間ほとんど変化していません。2016年度から2019年度のどこかの段階で、在校等時間は大幅に低下し、新型感染症ウイルス拡大期には、それに対応する新たなスタイルを確立・維持しているものと推察できます。

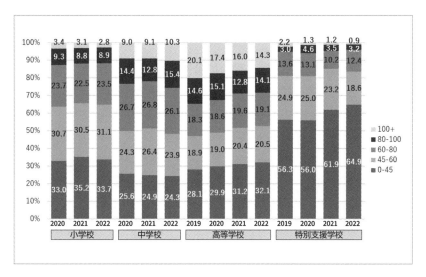

図 3-1　学校種別の在校等時間推移

　【中学校】2022 年度、25.7%（15.4% ＋ 10.3%）が 80 時間を超えて
います。「平成 28 年度教員勤務実態調査」で週当たり勤務時間が 60
時間超（月あたりの時間外勤務時間 80 時間に相当）の 57.7% からは
激減しており、「令和 4 年度教員勤務実態調査（速報値）」の 36.6% よ
りもかなり低い値です。ただし、2021 年度から 2022 年度にかけて
80 時間超の教員の構成率が微増している点に、留意が必要です。

　【全日制高校】新型感染症ウイルス拡大前の 2019 年度（34.7）か
ら 2022 年度（28.4）にかけて、80 時間超の教員は年々減少傾向に
あります（6.3% 減）。今後は教員不足の解消と共に、80 時間超の構
成率の減少を目指したいところです。

　【特別支援学校】80 時間超の教員が 2019 年度（5.2%）から 2022 年
度（4.1%）へと微減しています。45 時間未満の教員が増加傾向にあ
り、2019 年度（56.3%）から 2022 年度（64.9%）にかけて 8.6% 増加
しています。在校等時間の縮減という点では、小・中・高よりも良好
な状態です。しかし、部活動がないなかで長時間勤務の教員が少なか

らず存在している点には留意が必要です。

>> **年齢・経験年数・性別・職位による勤務状況等の比較**

　次に、教員勤務実態調査と同様、小・中学校に限定したうえで、主要属性とのクロス集計を確認します。

　図 3-2 は、年齢層ごとの 80 時間超過者率（直近の 2022 年度データを利用）を示したグラフです[*1]。20 歳代の教員（25 歳未満 26%、25 歳以上 30 歳未満 27%）において超過者率が高く、55 歳以上の教員は相対的に低くなっています。20 歳代の教員は、新規の学年を持った場合に、授業準備に時間を要することとなります。この結果から、若年層教員が多い地域・学校において、在校等時間スコアが高くなることが予測されます。

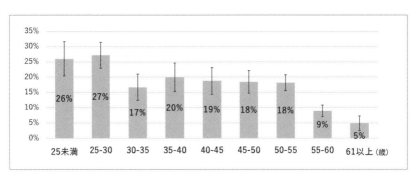

※ 25 未満（N=239）、25-30（N=427）、30-35（N=293）、35-40（N=286）、40-45（N=309）、45-50（N=422）、50-55（N=843）、55-60（N=859）、61 以上（N=306）

図 3-2　年齢階層別の 80 時間超過者率

───────────────

＊1　棒グラフ先端にあるバーは、「95% 信頼区間（同じ試験を繰り返したときの結果の範囲のうち、95% の試験結果が収まる範囲のこと）を示しています。本調査は一部の職員しか回答していないため、示されるスコアに疑義が生じます。そこで、すべての対象者（母数）のスコアが含まれるだろうと信頼してよい範囲を求めてグラフ上に描いています。

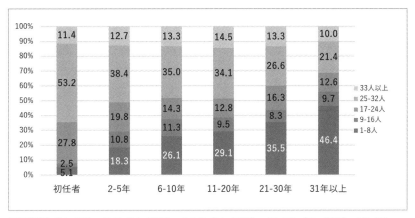

※初任者（N=79）、2-5（N=323）、6-10（N=203）、11-20（N=296）、21-30（N=338）、31以上（N=412）

図 3-3　教職経験年数階層別の担当児童数

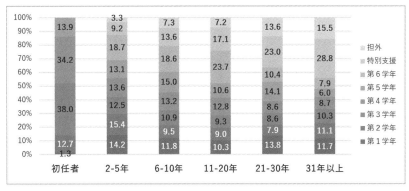

※初任者（N=79）、2-5（N=337）、6-10（N=220）、11-20（N=321）、21-30（N=405）、31以上（N=496）

図 3-4　教職経験層別の学年等配置状況

　また、A県の小学校では、**図 3-3**に示すように、教職経験10年目までの若年層教員が比較的規模の大きい学級を担当し、31年目以上の教員は小規模学級を担当する傾向があります。さらに、**図 3-4**に示すように、31年目以上の教員は特別支援学級を担当する確率が、他の世代よりも高いことが確認できます。なお、初任者は約80%以

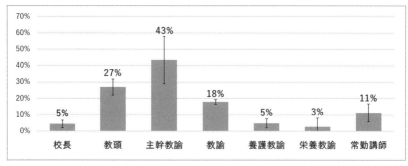

※校長（N=311）、教頭（N=315）、主幹教諭（N=46）、教諭（N=2901）、養護（助）教諭（N=242）、栄養教諭（N=36）、講師（N=133）

図 3-5　職位別の 80 時間超過者率

上が第 3 学年あるいは第 4 学年の担任ですが、2 年目以降は、第 6 学年を含めて多様な学年の担任を務めています。

　80 時間超過者には、性差もありました。たとえば、小学校では男性 14.9%、女性 9.6% です。中学校では男性 28.8%、女性 21.9% です。80 時間超過者の出現率は、小学校で 1.5 倍、中学校で 1.3 倍、男性の方が高い傾向にあります。

　職位別に見ると、主幹教諭の 80 時間超過者率の高さが顕著です（図 3-5）。主幹教諭と教頭が、校内業務の調整役として稼働している様子がうかがえます。一方、校長の超過者率は 5% であり、養護教諭・栄養教諭と同じ水準にあります。校長の在校時間が長いと教員が帰りにくいという声に配慮したからでしょうか。しかし、教頭や主幹教諭の長時間勤務の実態を放置したままで、自分だけ早く帰っていると捉えられる可能性があります。後述するように、長時間勤務者は管理職との信頼関係水準が低くなっています。校長にもう少し働いてほしいという、長時間勤務者の思いを読み取ることができます。

≫　在校等時間と幸福感、抑鬱傾向、ワーク・エンゲイジメント

　A 県では、80 時間超過者率に着目していますが、その背景には**図**

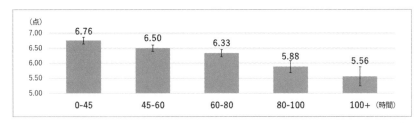

※ 0-45 （N=1210）、45-60 （N=1136）、60-80 （N=973）、80-100 （N=447）、
100+ （N=218）、以下図 3-9 まで同様

図 3-6　在校等時間区分ごとの主観的幸福感スコア

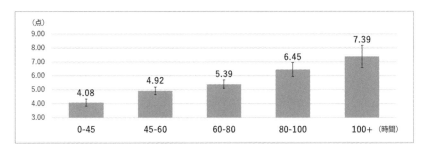

図 3-7　在校等時間区分ごとの抑鬱傾向スコア

3-6 〜図 3-8 に示す現実があります。図 3-6 は、在校等時間区分ご
との主観的幸福感の平均得点ですが、80 時間を超えるところからス
コアが大幅に低下していることがわかります。主観的幸福感（総合生
活満足度）の日本における一般成人の平均値は 5.74（内閣府 2021）
ですが、在校等時間が 60 − 80 時間までは 6.33 点と、平均をはるか
に上回っています。ところが、80 − 100 時間では 5.88 点と一気に
0.45 点低下し、100 時間以上では 5.56 点と一般成人平均を下回って
います（小・中学校では回答者の構成比率 5.5% が 100 時間超）。

　また、図 3-7 を見ると、抑鬱傾向では、80 時間超過からの上昇角
度が大きいことがわかります。60 − 80 時間が 5.39 点であるのに対し、
80 − 100 時間では 6.45 点と、1.06 点の上昇があります（100 時間超
の場合はそこから 2.00 点上昇）。

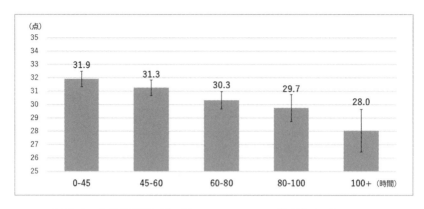

図 3-8　在校等時間区分ごとのワーク・エンゲイジメントスコア

　ワーク・エンゲイジメント（**図 3-8**）は、80 − 100 時間までは微減傾向ですが、100 時間超となると下降角度が大きくなります。なお、職能成長機会との間には在校等時間との関連性は認められませんでした。

》　在校等時間と信頼関係の関連性

　在校等時間は、信頼関係との間にも関連性があります。**図 3-9** は在校等時間区分ごとの児童生徒信頼（担任のみ）、保護者信頼（担任

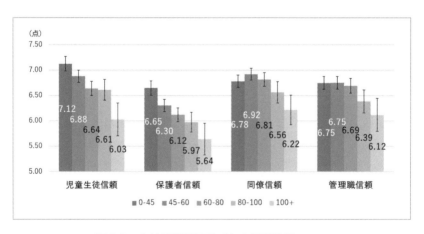

図 3-9　在校等時間区分ごとの信頼関係スコア

のみ）、同僚信頼（管理職回答を除く）、管理職信頼（管理職回答を除く）の得点です。いずれの信頼関係でも、在校等時間の長さと、信頼関係との間に相関性が認められています。この関係は、長時間勤務が原因となり、心身の健康状態が悪化することで、信頼関係に問題が生じる結果を生んでいるのか、それとも信頼関係が醸成されていないことが原因で業務が効率的に進まず、勤務時間が長くなるという結果を生んでいるのか、より妥当な解釈のためのさらなる検討が必要です。

2 ワーク・エンゲイジメント

≫ 小・中学校教員のワーク・エンゲイジメント

小・中学校の教員のワーク・エンゲイジメント（活力・熱意・没頭に特徴づけられる持続的な心理状態、働きがいの代理指標）は、この3年間でわずかですが低下傾向にあります（**図3-10**）。学校行事・技能系教科・部活動の縮減等、新型感染症ウイルス拡大下において、働きがいを高めるイベントが減少したことが少なからず影響を及ぼしていると推察されます。また、ワーク・エンゲイジメントの基盤となる児童生徒・保護者・同僚・管理職等との交流機会の減少も影響を及ぼしているでしょう。

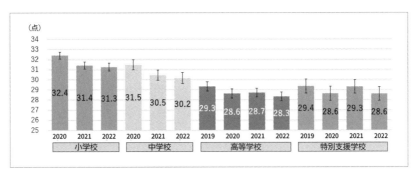

図3-10　学校種別のワーク・エンゲイジメント推移

ただし、低下したといっても 2022 年度のワーク・エンゲイジメントのスコアは、小学校 31.3 点、中学校 30.2 点、高校 28.3 点、特別支援学校 28.6 点であり、リクルートマネジメントソリューションズ（2019）が示す民間企業の平均スコアである 23.58 点等に比べると、これらはかなり高いスコアであることがわかります。

　図 3-11 は、小・中学校教員のワーク・エンゲイジメントのヒストグラムです。ワーク・エンゲイジメント尺度は精度が高く、正規分布に近い形状となることが多いですが、A 県小・中学校教員の場合は、平均値が高く、中高位層に教員が厚めに分布する形状となっています。

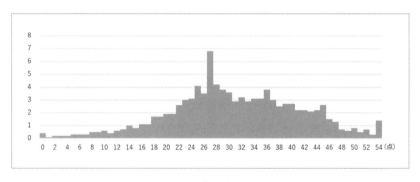

図 3-11　ワーク・エンゲイジメントのヒストグラム

>> 　年齢層・職位別のワーク・エンゲイジメント

　年齢層別に見ると、年齢層の上昇とともにワーク・エンゲイジメントが高まる傾向が示されています（図 3-12）。また、年齢層に性別データを組み込んだ集計（図 3-13）を見ると、40 歳代後半から 60 歳にかけて、相対的に大きな性差が認められています。

　図 3-14 に示すように、A 県では、校長や教頭のワーク・エンゲイジメントが高く、これらの職は男性比率が高くなっています。45 歳代後半からのワーク・エンゲイジメントの性差は、職位の影響によるところが大きいと推察されます。

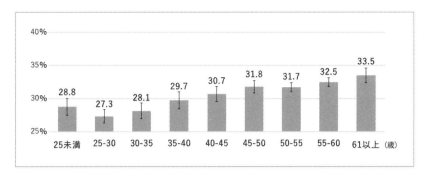

図 3-12　年齢階層別のワーク・エンゲイジメントスコア

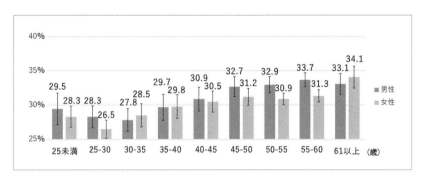

図 3-13　年齢層×性別のワーク・エンゲイジメントスコア

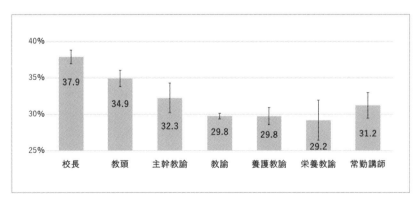

図 3-14　職位別のワーク・エンゲイジメントスコア

》 学校種別の幸福感の状況

　主観的幸福感については、各学校種・各年度において、**図3-15**の結果が得られています。小学校と中学校では、新型感染症ウイルス拡大下にもかかわらず、主観的幸福感スコアが上昇傾向にあります。この間、勤務時間の縮減はそれほど進展していませんが、主観的幸福感は上昇しているのです。なお、2022年度は、小学校6.49点、中学校6.28点となっていますが、これらは一般的成人対象調査の結果（5.74点）と比べてかなり高い数値となっています（前述の内閣府2021）。

　一方、「令和4年度教員勤務実態調査（速報値）」では、度数分布表（無回答を除く集計、11件法）から計算すると生活面の満足度は6.26点、仕事の満足度は5.69点となり、生活・仕事の両面の平均値は5.98点の結果となります。A県の小・中学校教員は、国民平均と比べても、また、教員の全国平均値（測定方法は異なりますが）と比べても、主観的幸福感が高い状況にあると解釈できます。

　県立学校では、年度合間の主観的幸福感は変化の規模が小さくなっています。高校は新型感染症ウイルス拡大前（2019年11月）から、わずかに低下しています（有意ではありません）。

　特別支援学校ではほぼ横這いであり、同じく、新型感染症ウイルス拡大前からの変化はほとんど認められません。新型感染症ウイルス拡大下では、事務的対応の増加や学校行事・技能系教科・部活動の縮減等、幸福感を低減させる要素が出現しますが、保護者・地域行事等の縮減による業務量の減少、制約条件下での生徒と協働した創意工夫場面の増加、他業種と比べての経済的安定性の再認知等、主観的幸福感を高める要素も同時に出現することで、主観的幸福感の低下が回避されたのではないでしょうか。

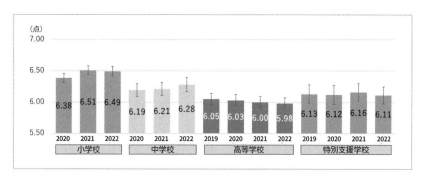

図 3-15　学校種別の主観的幸福感推移

》　全国とＡ県の比較

　次に、小・中学校を統合したデータで「令和４年度教員勤務実態調
査」（全国）との度数分布を比較してみます（**図3-16**）。全国とＡ県
ともに、主観的幸福感の最頻値が８点であり、高位に偏った分布とな
っています。５点未満では双方の間に差異が認められます。０－４点
に相当する教員は、全体的に見て幸福感が十分に維持されておらず、
満足度の低い層であると解釈できます。この層には、全国で21.4％、
Ａ県では15.0％ が含まれます。

　５点と回答した教員の比率は、全国（13.8％）とＡ県（18.4％）と
で異なっており、Ａ県では困難な状況にある教員が０－４点にまで至

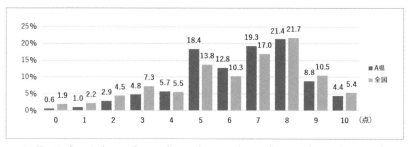

※ Ａ 県；0 (N=25)、1 (N=39)、2 (N=117)、3 (N=191)、4 (N=226)、5
(N=732)、6 (N=508)、7 (N=768)、8 (N=851)、9 (N=351)、10 (N=176)

図 3-16　主観的幸福感の度数分布グラフ

らずに、5点で留まっているものと考えられます。

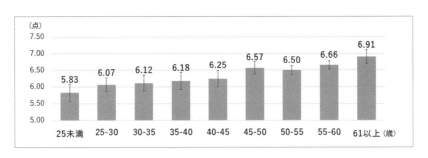

》 年齢・性別・職位と幸福感

　教員の主観的幸福感は、年齢層で顕著な差異があります（**図3-17**）。年齢階層の上昇に伴い、主観的幸福感が上昇するという、ベテランに優しく若年層に厳しい状況となっています。80時間超過者率の分布とは逆の形となっている点も興味深いです。

　この分布は、現在の教員を対象とした分布であり、現在の若年層教員の幸福感が将来に向かって上昇するとは限りません。しかし、学習と周囲の支援によって現在の困難を克服し、職能成長を遂げることで、少しずつではありますが教職としての幸福感が高まるという未来を描くこともできます。特に、25歳未満の教員は、今が最も困難なキャリアステージにあることを確認することができます（それでも一般成人対象調査の平均スコアを超えています）。

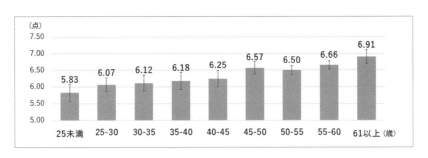

図 3-17　年齢層別の主観的幸福感スコア

　年齢層データに性別データを組み込むと、**図3-18**に示す分布となります。主観的幸福感に対する年齢層別の性別の影響は、特に50歳代後半において顕著となっています。55－60歳の回答者のうち、男性は59.8％が管理職（校長・教頭）であるのに対し、女性は10.3％に留まっています。

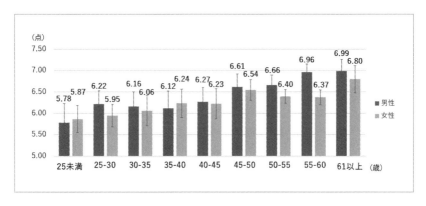

図 3-18　年齢層×性別の主観的幸福感スコア

　図3-19に示すように、A県では、校長（7.50点）と教頭（6.95点）の幸福感スコアが教諭等に比べて相当高い実態を考慮すれば、50歳代後半における主観的幸福感の性差は、管理職の性別比によってかなり説明できそうです。A県の小・中学校では、80時間超過の教頭が多いですが、大半の教頭の主観的幸福感が損なわれているようには見えません。95%信頼区間も比較的短い距離に収まっています。校長に至っては、長時間勤務の者は少なく、主観的幸福感も圧倒的に高くなっています。なお、A県では管理職候補者不足で困るような状況にはありません。

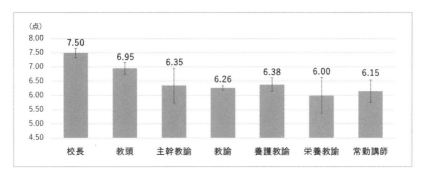

図 3-19　職位別の主観的幸福感スコア

4 抑鬱傾向

》 学校種別の抑鬱傾向

　抑鬱傾向については、この 3 － 4 年間での望ましくない上昇傾向が認められています（**図3-20**）。小学校では 2020 年度（4.72 点）から、2022 年度（4.90 点）へとスコアが 4% 程度上昇しています。中学校では、2020 年度（5.19 点）から 2022 年度（5.43 点）へと 5% 程度上昇しています。高校は新型感染症ウイルス拡大前の 2019 年度（5.39点）から 2022 年度（6.00 点）へと 11% 程度上昇しています。また、特別支援学校では 2019 年度（5.60 点）から 2022 年度（6.06 点）へと 8% 程度上昇しています。

　各学校種ともに、在校等時間は縮減されましたが、抑鬱傾向が上昇しています。時短はメンタルヘルスを必ずしも促進するものではないようです。なお、新型感染症ウイルス拡大前からのデータがある高校や特別支援学校の結果はたいへん貴重です。高校ではこの 4 年間で、80 時間超過者は 18% 減少（2019 年度は 34.7% 、2022 年度は 28.4%）しましたが、抑鬱傾向スコアは 11% 上昇しています。一方、特別支援学校ではこの 4 年間で、80 時間超過者は 21% 減少（2019 年度は5.2% 、2022 年度は 4.1%）しましたが、抑鬱傾向スコアは 8% 上昇しています。

　抑鬱傾向の測定尺度 K6（24 点満点）では、カットオフポイントが設定されており、たとえば、ローリスク群（0 － 4 点）、リスク群（5－ 9 点）、ハイリスク群（10 点以上）等が設定されています（川上2010）。ハイリスク群に相当する場合、高い確率で鬱病を発症している可能性があるため、注意が必要です。

　一般成人を対象とした調査（厚生労働省 2019）では、ローリスク群が 71.1% 、リスク群が 18.7% 、そして、ハイリスク群が 10.3% と

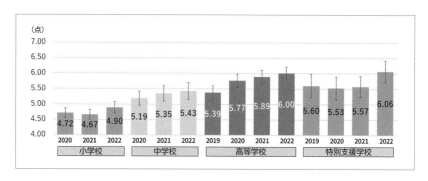

図 3-20　学校種別の抑鬱傾向スコア

する結果が得られています（**表3-1**）。これに対し、A県教員（2022年度結果）の場合は、ハイリスク群が小学校17.4%、中学校20.5%、高校22.6%、特別支援学校23.8%となっています。教員はいずれの学校種においても、ハイリスク群が一般成人の2倍近く存在する結果です。教員は一般成人に比べて主観的幸福感が高く、民間企業と比べてワーク・エンゲイジメントが高い一方で、一般成人に比べて抑鬱傾

表 3-1　学校種別の抑鬱傾向各群構成率

		ローリスク群	リスク群	ハイリスク群
		0−4点（%）	5−9点（%）	10点以上（%）
一般成人	2019	71.1	18.7	10.3
小学校	2020	55.5	31.5	13.0
	2021	57.6	27.5	14.8
	2022	58.0	24.6	17.4
中学校	2020	55.0	28.6	16.4
	2021	52.0	28.9	19.1
	2022	53.9	25.6	20.5
高等学校	2019	49.9	32.0	18.1
	2020	46.7	33.4	19.9
	2021	47.2	31.2	21.6
	2022	45.6	31.7	22.6
特別支援学校	2019	50.2	30.9	18.9
	2020	48.8	32.5	18.7
	2021	49.8	28.9	21.3
	2022	45.9	30.3	23.8

向が高まりやすい職であることが確認されています。

　また、特別支援学校のハイリスク群比率の高さは注目に値します。前掲**図3-1**に示したように、特別支援学校は在校等時間が他校種に比べて短いです。月の在校等時間が45時間以内の教職員（2022年度）は64.9%であり、他校種よりもかなり良好です（小学校33.7%、中学校24.3%、高校32.1%）。在校等時間が最も短い学校種が、抑鬱傾向が最も高いという皮肉な結果が示されています。長時間勤務が解消されれば教員の抑鬱傾向が低下し、メンタルヘルスが改善されるというストーリーは本当に正しいのでしょうか。再度、確認する必要があります。

》　年齢・性別・職位と抑鬱傾向

　次に、小・中学校に限定したうえで、抑鬱傾向と属性要因等との関連性を確認します。**図3-21**は、K6スコアのヒストグラム（ローリスク・リスク・ハイリスクで濃淡）です。最頻値は「0」であり、スコア上昇と共に該当者数が減少する特異な分布を示しています。約20%の教員が、抑鬱傾向に係る経験頻度を「0」と回答していますが、こうした教員の姿がメディア等で報道されることはありません。報道されるのはハイリスク群に相当する約20%の教員（右側の分布）に偏っているのではないでしょうか。

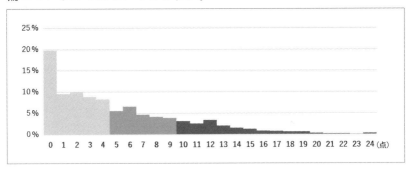

図3-21　抑鬱傾向のヒストグラム

小・中学校教員の抑鬱傾向を年齢層別に見ると、40歳代半ば頃までの得点が相対的に高く、それ以降の年齢層ではやや低い傾向が認められます（**図3-22**）。

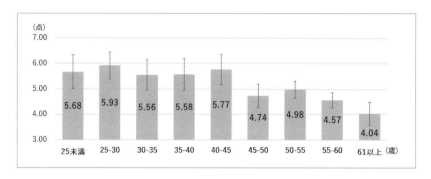

図3-22　年齢層別の抑鬱傾向スコア

　性別データを追加すると、30歳代を除き、いずれの年齢層でも女性の方が、抑鬱傾向が高い結果が示されています（**図3-23**）。女性教員を対象とする産育休支援の一定の成果と思われます。

　男性教員では30歳代が全年齢層のなかで最も高いスコアを示しており、40歳代半ばを過ぎるとかなり低下します。一方、女性教員は30歳代が相対的に低く、その前後期である25－30歳と40－45歳において抑鬱傾向スコアが高くなっています。

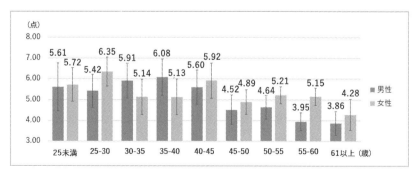

図3-23　年齢層×性別の抑鬱傾向スコア

45歳以降の抑鬱傾向スコアには、**図3-24**に示す管理職層の低スコアの影響があると考えられます。K6得点は、校長（2.95点）、教頭（3.97点）であり、教諭（5.45点）と比べると低水準です。

図表はありませんが、ハイリスク群の構成比率は、校長（5.1%）、教頭（12.1%）、主幹教諭（15.2%）、教諭（20.5%）、養護（助）教諭（15.7%）、栄養教諭（22.2%）、常勤講師（25.6%）であり、管理職層の低さが目立っています。身分不安定な常勤講師（再任用は含まれていません）の抑鬱傾向の強さに注意が必要です。

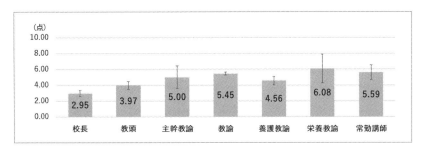

図3-24　職位別の抑鬱傾向スコア

5 職能開発機会

》 学校種別の職能開発機会

新型感染症ウイルス拡大への対応が進展するなかで、職能開発機会は年々拡張傾向にあります（**図3-25**）。特に、この数年間はICTを活用したオンライン研修への参加が顕著であり、これがスコアを押し上げるひとつの要因となっています。

ただし、高校と特別支援学校において、新型感染症ウイルス拡大前の2019年度スコアと比較すると、職能開発機会は拡大前水準に徐々に戻っているに過ぎないと解釈できます。

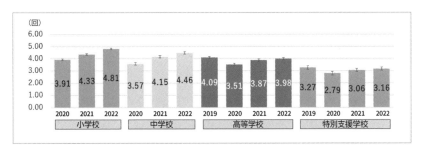

図 3-25　学校種別の職能開発機会推移

　小・中学校教員における職能開発機会の度数分布は、**図 3-26** に示すとおりです。小・中学校教員は、年間 4 ～ 6 種類の職能開発機会に参加していることがわかります。また、教員間において職能開発機会に一定のバラツキがあることも示されています。

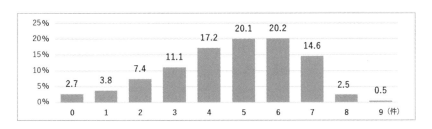

図 3-26　職能開発機会の度数分布

》　年齢・性別・職位と職能開発機会

　小・中学校教員の職能開発機会を年齢層別に見ると、**図 3-27** の結果が得られます。若年層教員よりも、中堅・ベテラン層教員の方が、多様な職能開発機会を享受しているといえます。ただし、再任用以降は、職能開発機会が縮減しています。

　年齢別に性別を組み込んだデータを見ると、45 歳後半以降の性差が認められています（**図 3-28**）。管理職指向性の差が反映しているものと解釈できます。

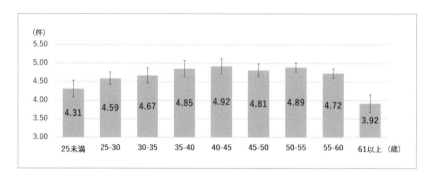

図 3-27　年齢層別の職能開発機会スコア

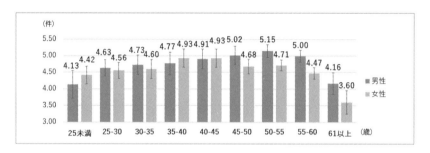

図 3-28　年齢層×性別の職能開発機会スコア

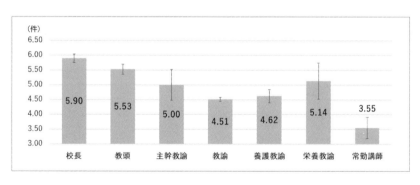

図 3-29　職位別の職能開発機会スコア

　また、職位別に見ると、校長や教頭の職能成長機会が豊富ですが、
教諭については相対的に低くなっています（**図 3-29**）。学びに向か
うゆとりの創出が必要であるといえます。また、常勤講師の職能成長

機会スコアが最も低い点に留意が必要です。

6 成果指標間の関連性

>> 年度ごとの成果指標間の相関関係

次に、本調査で設定した5つの成果指標変数について、年度ごとの記述統計量と指標間の相関関係について確認しておきます。

成果指標変数の年度ごとの記述統計量は**表3-2**に示すとおりです。小・中学校は2020年度から、県立学校は2019年度から調査を開始し

表3-2　学校種別の年度別成果指標推移（M：平均値、SD：標準偏差）

	2019		2020		2021		2022		計	
	M	SD	M	SD	M	SD	M	SD	M	SD
【小学校】 2020 (N=2,908)，2021 (N=2,899)，2022 (N=2,567)，計 (N=8,374)										
在校等時間			2.19	1.10	2.14	1.09	2.16	1.08	2.17	1.09
エンゲイジメント			32.41	9.09	31.42	9.77	31.27	10.28	31.72	9.71
主観的幸福感			6.39	1.96	6.51	1.87	6.49	1.97	6.46	1.93
抑鬱傾向			4.72	4.07	4.67	4.43	4.90	4.87	4.76	4.45
職能開発機会			3.91	1.84	4.33	1.81	4.81	1.81	4.34	1.86
【中学校】 2020 (N=1,560)，2021 (N=1,501)，2022 (N=1,417)，計 (N=4,478)										
在校等時間			2.57	1.26	2.55	1.25	2.63	1.28	2.58	1.26
エンゲイジメント			31.49	9.86	30.46	10.31	30.17	10.63	30.73	10.28
主観的幸福感			6.19	2.08	6.21	2.06	6.28	2.16	6.23	2.09
抑鬱傾向			5.19	4.60	5.35	4.91	5.43	5.11	5.32	4.87
職能開発機会			3.57	1.97	4.15	1.98	4.46	1.99	4.04	2.01
【高校】 2019 (N=1,742)，2020 (N=1,750)，2021 (N=1,954)，2022 (N=1,931)，計 (N=7,377)										
在校等時間	2.80	1.49	2.71	1.47	2.62	1.44	2.58	1.42	2.67	1.46
エンゲイジメント	29.33	9.86	28.62	9.71	28.70	9.75	28.33	9.83	28.73	9.79
主観的幸福感	6.05	1.98	6.03	1.96	6.00	2.02	5.98	2.01	6.01	1.99
抑鬱傾向	5.39	4.54	5.78	4.76	5.87	4.91	6.02	4.90	5.77	4.79
職能開発機会	4.09	1.80	3.50	1.96	3.87	1.98	3.98	2.06	3.86	1.97
【特別支援学校】 2019 (N=634)，2020 (N=625)，2021 (N=775)，2022 (N=780)，計 (N=2,814)										
在校等時間	1.70	0.96	1.70	0.95	1.59	0.89	1.57	0.89	1.63	0.92
エンゲイジメント	29.35	9.08	28.64	8.89	29.30	9.55	28.60	9.51	28.97	9.29
主観的幸福感	6.13	1.95	6.12	1.93	6.16	1.95	6.11	1.93	6.13	1.94
抑鬱傾向	5.60	4.81	5.53	4.63	5.57	4.73	5.57	4.73	5.71	4.79
職能開発機会	3.27	1.80	2.79	1.89	3.06	1.91	3.16	1.98	3.07	1.91

※在校等時間は0-45時間を1、45-60時間を2、60-80時間を3、80-100時間を4、100時間以上を5として求めた順序平均値

ています。これまで見てきたように、各指標について、年度間で大きな変化は確認されていません。本表は、今後、調査を実施する自治体の比較対照において有用であるといえます。

　表3-3（小・中学校）および**表3-4**（高校・特別支援学校）は、学校種ごとの相関係数を示したものです。在校等時間は順序データであり、その他の成果指標変数も正規分布ではない（正規性の検定を実施）ため、相関分析においては2つの変数間の順位の関連の強さを表すSpearmanの順位相関検定を選択しました。また、年度間差がわずかであるため、調査開始時からのプールドデータ（すべての年度のデータ）を使用しました。

　小学校の相関分析（下側）では、5変数間すべてに有意な相関が認められました（相関係数の95%信頼区間は確認済、以下同様）。中学校の相関分析（上側）では、在校等時間とワーク・エンゲイジメントの組み合わせを除く、すべての変数関係において有意な相関が認められました。

　高校では、在校等時間とワーク・エンゲイジメント、および抑鬱傾向と職能開発機会を除くすべての変数関係において有意な相関が認められました。特別支援学校では、在校等時間とワーク・エンゲイジメントを除くすべての変数関係において有意な相関が認められています。

　中学校・高校・特別支援学校の教員のワーク・エンゲイジメントは、在校等時間とは関連性がないことが確認されました。在校等時間が長くなることでワーク・エンゲイジメントが高まる教員と、在校等時間が長くなることで、逆にワーク・エンゲイジメントが低下する教員が混在していることが、**第6章**で紹介するデータを用いた応用分析（露口・高木2023）において明らかにされています。

＊2　効果量とは「検出したい差の程度」や「変数間の関係の強さ」のことであり、大・中・小等の目安が設けられています。相関分析の場合は、小（.10）、中（.30）、大（.50）が効果量判断の目安となります（水本・竹内2008）。

表3-3　成果指標間の相関関係（小・中学校）

小学校 ＼ 中学校	在校等時間	エンゲイジメント	主観的幸福感	抑鬱傾向	職能開発機会
在校等時間	1.000	-.011	-.107**	.116**	.066**
エンゲイジメント	-.055**	1.000	.565**	-.378**	.226**
主観的幸福感	-.132**	.529**	1.000	-.547**	.156**
抑鬱傾向	.163**	-.334**	-.524**	1.000	-.055**
職能開発機会	.032**	.189**	.125**	-.050**	1.000

※ 2020-2022 のプールドデータ。小学校 N=8,374、中学校 N=4,478。
　 Spearman 順位相関係数（ρ）。

表3-4　成果指標間の相関関係（高校・特別支援学校）

高校 ＼ 特別支援学校	在校等時間	エンゲイジメント	主観的幸福感	抑鬱傾向	職能開発機会
在校等時間	1.000	.010	-.106**	.140**	.118**
エンゲイジメント	-.004	1.000	.476**	-.330**	.169**
主観的幸福感	-.119**	.543**	1.000	-.549**	.092**
抑鬱傾向	.127**	-.334**	-.526**	1.000	-.041**
職能開発機会	.038**	.163**	.091**	-.013	1.000

※ 2019-2022 のプールドデータ。高校 N=7,377、特別支援学校 N=2,814。
　 Spearman 順位相関係数（ρ）。

　すべての学校種において、主観的幸福感とワーク・エンゲイジメントは正の相関（ρ =.476 〜 .565、p<.001）であり、効果量大[*2] に相当します。また、すべての学校種において、主観的幸福感と抑鬱傾向は負の相関（ρ =-.524 〜 -.549、p<.001）であり、これも効果量大に相当します。そして、すべての学校種において、ワーク・エンゲイジメントと抑鬱傾向は負の相関（ρ =-.330 〜 -.378、p<.001）であり、効果量中に相当します。これらの3変数は相互に相関性が強く、他の2変数がこれら3変数と弱い相関にあります。

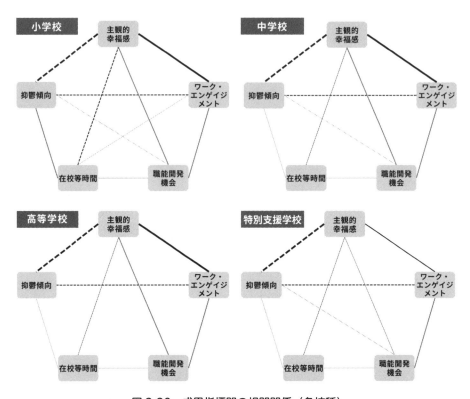

図 3-30　成果指標間の相関関係（各校種）

≫　校種ごとの成果指標間の相関関係

　図 3-30 は、学校種ごとの相関関係を図示したものです。線の太さ
で相関係数の大きさを、線の種類で符号（正＝実線、負＝破線）を表
現しています。

　学校種間では、在校等時間とワーク・エンゲイジメントの関係にお
いて、小学校のみに負の相関（ρ =-.055、p<.001）が認められていま
した。効果量は小ですが、小学校では、在校等時間のインパクトが他
校種に比べて高くなる可能性が示唆されています。

　また、職能開発機会と抑鬱傾向の関係では、高校では相関係数が有
意ではありませんが、他校種では有意となっています。小学校・中学

校・特別支援学校では、職能開発機会の多さが抑鬱傾向と連動しており、弱い負の相関（ρ =-.041 ～ -.055、p<.001）を示しています。学びの機会が豊富な教員は抑鬱傾向を抑止できているという解釈（元気な教員は学ぶ）と、抑鬱傾向が高い場合は学びに向かえる状態にはないという解釈（調子が悪いから学べない）の両面があります。

　職能開発機会は、全校種においてワーク・エンゲイジメントと正の相関となっており、学びに向かう教員は働きがいが高いという解釈が成り立ちます。

　図3-30 を見ると、A県の働き方改革の成果指標は、「働きやすさ」に関する系統として、「在校等時間」「抑鬱傾向」が配置され、「働きがい」に関する系統として「職能開発機会」「ワーク・エンゲイジメント」が配置され、両系統が「主観的幸福感」に帰結するような構成であると解釈できます。

第4章

「信頼関係」は
働き方にどう影響するか

4 章では、教員を取り巻く信頼関係（児童生徒・保護者・同僚・管理職）の３年間の推移を確認するとともに、働き方改革の５つの成果指標との関係について分析を行います。また、「働きやすさ」と「働きがい」が両立した学校において、信頼関係が醸成されているかどうか、幸福で健康に働いているかどうかを学校種ごとに検証します。

1 学校種別の信頼関係スコア推移

　教員を取り巻く信頼関係（児童生徒・保護者・同僚・管理職）の測定は、2019年度調査開始の高校・特別支援学校も小・中学校と同様に2020年度からのデータ収集となっており、新型感染症ウイルス拡大前との比較ができません。しかし、いずれの学校種においても、ベースラインとなる2020年度よりも上昇傾向が示されています。

≫ 児童生徒との信頼関係
　児童生徒信頼（学級担任回答）では、2020年度から2022年度にかけてスコアが小学校で3.1%、中学校で3.2%、高校で1.0%、特別支援学校で0.9%上昇しています（**図4-1**）。小学校および中学校では約3%の上昇、高校および特別支援学校では約1%の上昇を示しています。

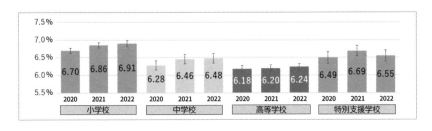

図 4-1　学校種別の児童生徒信頼スコア推移

》 保護者との信頼関係

保護者信頼（学級担任回答）では、2020年度から2022年度にかけてのスコアが、小学校で6.7%、中学校で5.6%の上昇が認められました。しかし、高校では1.8%、特別支援学校では0.3%の下降となっています（**図4-2**）。

新型感染症ウイルス拡大への対応が直実に進行するなかで、保護者の学校参加や対話交流機会が徐々に拡充したことが、小・中学校での信頼関係スコアの上昇に結びついていると考えられます。

高校では、小・中学校のように保護者との対話交流機会を復活させる動機が弱いため、対話交流機会が制約されたまま推移し、保護者がどうしても伝えたい困難な情報のみを教員が受信していた可能性があります。

特別支援学校は新型感染症ウイルス対策が医療機関水準と厳しいため、対話交流機会が回復せず、2022年の秋を迎えたものと考えられます。

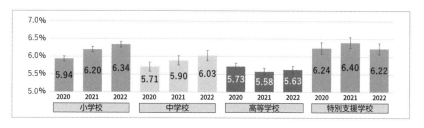

図 4-2　学校種別の保護者信頼スコア推移

》 同僚との信頼関係

同僚信頼（管理職を除く教員回答）では、2020年度から2022年度にかけてスコアが小学校で4.7%、中学校で3.8%、高校で2.3%、特別支援学校で1.1%上昇しています（**図4-3**）。小・中学校では約3〜5%の上昇、県立学校で約1〜2%の上昇を示しています。

新型感染症ウイルス拡大のインパクトが弱まるなかで、同僚相互の対話交流活動が少しずつ再開されている実態が示されています。

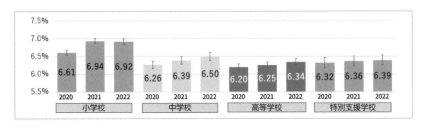

図 4-3　学校種別の同僚信頼スコア推移

》　管理職との信頼関係

管理職信頼（管理職を除く教員回答）では、2020 年度から 2022 年度にかけてスコアが小学校で 5.1%、中学校で 4.7%、高校で 2.2%、特別支援学校で 1.7% 上昇しています（**図 4-4**）。小・中学校では約 4 ～ 5% の上昇、県立学校で約 1 ～ 2% の上昇を示しています。

大規模な学校が多く管理職の異動スパンが短い高校と特別支援学校では、管理職と教員との信頼関係の醸成は、小・中学校に比べるといっそう難しいものであると解釈できます。

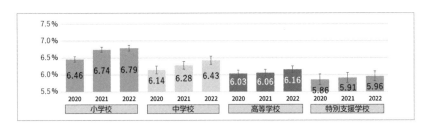

図 4-4　学校種別の管理職信頼スコア推移

小・中学校では、2020 ～ 2022 年度の 3 年間で、教員を取り巻く信頼関係が着実に改善されつつあります。児童生徒・保護者・同僚・管理職の各信頼関係項目において、5% 程度のスコア上昇が確認されま

した。

　一方、県立学校では、同僚・管理職との信頼関係はスコアが微増していますが、児童生徒・保護者との信頼関係は横這いとなっています。

2　働き方改革の成果指標と信頼関係の関連性

　次に、信頼関係の各項目と働き方改革の成果指標（80時間超過者率、ワーク・エンゲイジメント、主観的幸福感、抑鬱傾向、職能成長機会）との関連性について検討します。ここでは、教員勤務実態調査と同様、小・中学校教員を対象として、2020～2022年度のプールドデータを用います。また、児童生徒信頼と保護者信頼は、学級担任に限定したうえで分析します。同僚信頼と管理職信頼は、校長と教頭を除く教員に限定します。

【度数分布】

●児童生徒信頼：0（N=26）、1（N=46）、2（N=86）、3（N=238）、4（N=326）、5（N=1100）、6（N=1160）、7（N=2036）、8（N=1912）、9（N=628）、10（N=239）

●保護者信頼：0（N=29）、1（N=57）、2（N=143）、3（N=332）、4（N=556）、5（N=1696）、6（N=1615）、7（N=1805）、8（N=1149）、9（N=311）、10（N=103）

●同僚信頼：0（N=71）、1（N=72）、2（N=158）、3（N=351）、4（N=580）、5（N=1645）、6（N=1532）、7（N=2482）、8（N=2466）、9（N=1114）、10（N=445）

●管理職信頼：0（N=114）、1（N=141）、2（N=227）、3（N=453）、4（N=612）、5（N=1675）、6（N=1541）、7（N=2260）、8（N=2219）、9（N=1118）、10（N=556）

» 80時間超過者率と信頼関係

80時間超過者は、信頼関係が脆弱な場合に出現する傾向が**図4-5**において示されています。たとえば、児童生徒・保護者との信頼関係では、7〜10点の回答者では80時間超過者が20%を超えることはありませんが、6点を下回るあたりから20%を超え、0〜1点では30%を超えています。

第3章の**図3-9**では、在校等時間区分ごとの信頼関係スコアを比較して、長時間勤務の教員ほど周囲との信頼関係を実感できていない実態を示しました。ここでは、信頼関係スコアごとの80時間超過者率を比較することで、児童生徒や保護者との信頼関係を実感できていない教員が、長時間勤務に陥っているという実態が確認されました。「忙しいから信頼関係が醸成できず」、「信頼関係がないからさらに忙しくなる」とする悪循環サイクルを読み取ることができます。

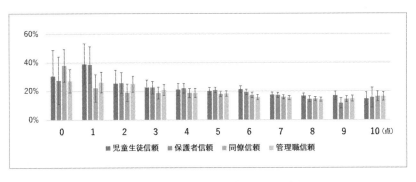

図4-5　80時間超過者率と信頼関係

» ワーク・エンゲイジメントと信頼関係

ワーク・エンゲイジメントについては、各次元の信頼関係の上昇に連動してスコアが上昇しています（**図4-6**）。各次元間の差異は小さく、いずれの信頼関係も着実にワーク・エンゲイジメントのスコアを押し上げています。

信頼関係スコアが0～2点の教員は、ワーク・エンゲイジメントが20点を下回る傾向が示されています。ワーク・エンゲイジメントは、その低下によって離職が発生する重要な要因であるため、注意が必要です。

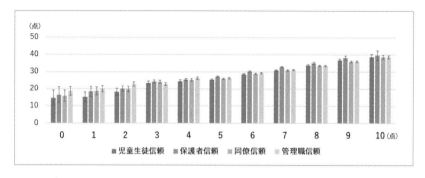

図4-6　ワーク・エンゲイジメントと信頼関係

》 主観的幸福感と信頼関係

主観的幸福感は、各項目の信頼関係の上昇と連動しています（**図4-7**）。各項目の信頼関係が6点以上の時に、一般成人平均の5.74点ラインを上回ります。しかし、信頼関係が0～2点となると、主観的幸福感のスコアが4点を下回ります。

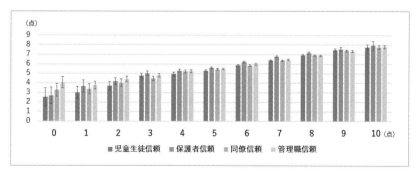

図4-7　主観的幸福感と信頼関係

教員が一般成人以上に主観的幸福感を享受するためには、教員を取り巻く信頼関係が6点以上であることがひとつの目安となるといえます。

》　抑鬱傾向と信頼関係

　抑鬱傾向は、各次元の信頼関係の上昇と共に、抑制が進展します（**図4-8**）。しかし、信頼関係が0～2点では、K6スコアの平均値がハイリスク群に相当する10点を超えており、これらのグループに対しては相当の注意が必要です。

　また、信頼関係スコアが7点を超えると、K6スコアがローリスク群の基準値である5点を下回ります。教員を取り巻く信頼関係の各次元が2点以下となれば、精神的に健康な状態での勤務が困難となり、7点を超える場合には精神的に健康な状態で勤務できる確率が高まります。

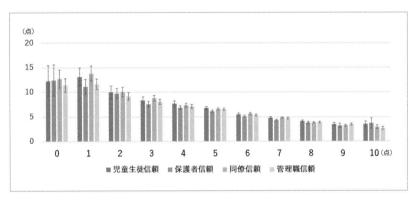

図4-8　抑鬱傾向と信頼関係

》　職能成長機会と信頼関係

　職能成長機会（学びの実践）については、各次元の信頼関係の状況とはそれほど関連がありません（**図4-9**）。

児童生徒や保護者との信頼関係が醸成された安定した勤務状況のなかで職能成長機会が増加する、あるいは、同僚や管理職との安定した関係のなかで校内研修が活性化されたり、校外研修に出ることが容易になったりする傾向は、本調査では認められませんでした。

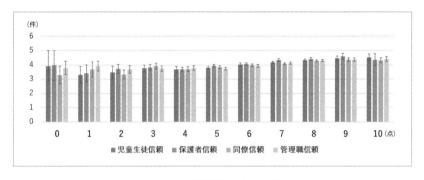

図4-9　職能開発機会と信頼関係

3 「働きやすさ」と「働きがい」が両立した職場 における信頼関係

　第2章で、教員のウェルビーイングの実現において「働きやすさ」と「働きがい」の両立の重要性を指摘しました。ここでは、「働きやすさ」と「働きがい」が両立している学校を、80時間非超過者率（月の在校等時間が80時間を超えていない教員の割合）とワーク・エンゲイジメントの2つの軸で表現します。

　80時間非超過者率が中央値より高く（働きやすさHigh）、なおかつ、ワーク・エンゲイジメントスコアが中央値より高い（働きがいHigh）学校を両立している学校と仮定します。2軸を組み合わせることで、これに加えて、働きやすさ重視の学校（働きやすさHigh、働きがいLow）、働きがい重視の学校（働きやすさLow、働きがいHigh）、共に欠く学校（働きやすさLow、働きがいLow）の4類型が

できます。

　働きやすさと働きがいの両立が、教員を取り巻く信頼関係を基盤とするのであれば、働きやすさ High ×働きがい High の学校群が、学校種を問わず信頼関係スコアが最も高いと予測できます。

　分析対象となる学校数は、小学校 186 校、中学校 102 校、高校 53 校です。特別支援学校は学校数が少ないため、分析対象から除外しています。各年度の分析を実施しましたが、分析結果に差が認められなかったため、直近の 2022 年度の分析結果のみを以下提示します。

(1)　小学校

　小学校では、信頼関係の 4 次元いずれも、①働きやすさ High ×働きがい High の両立群が最も高いスコアを示しています（**図 4-10**）。

　信頼関係スコアが最も低調なのは、予測どおり、③働きやすさ Low ×働きがい Low の共に欠く学校です。また、④働きやすさ Low ×働きがい High の働きがい重視の学校群の方が、②働きやすさ High ×働きがい Low の働きやすさ重視の学校群よりも、信頼関係スコアが高いという結果が示されています。

　教員を取り巻く信頼関係は、「働きやすさ（在校等時間の縮減）」よりも、「働きがい（ワーク・エンゲイジメント）」向上に対してより強

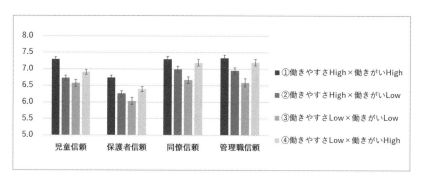

図 4-10　小学校群別の信頼関係スコア

表 4-1　小学校を対象とした一元配置分散分析の検定結果

	グループ	N	M	SD	SE	Min.	Max.
児童信頼	① 働きやすさHigh×働きがいHigh	49	7.30	0.47	0.07	6.45	8.75
	② 働きやすさHigh×働きがいLow	44	6.73	0.51	0.08	5.20	7.78
	③ 働きやすさLow×働きがいLow	49	6.57	0.75	0.11	3.57	8.00
	④ 働きやすさLow×働きがいHigh	44	6.91	0.53	0.08	5.53	7.89
	検定	F (3, 182) =14.126　p<.001　効果量 η^2 = 0.189					
保護者信頼	① 働きやすさHigh×働きがいHigh	49	6.74	0.50	0.07	5.67	8.38
	② 働きやすさHigh×働きがいLow	44	6.26	0.55	0.08	5.00	7.50
	③ 働きやすさLow×働きがいLow	49	6.03	0.73	0.10	4.00	7.33
	④ 働きやすさLow×働きがいHigh	44	6.39	0.53	0.08	5.13	7.67
	検定	F (3, 182) =12.268　p<.001　効果量 η^2 = 0.168					
同僚信頼	① 働きやすさHigh×働きがいHigh	49	7.30	0.59	0.08	5.73	8.75
	② 働きやすさHigh×働きがいLow	44	7.00	0.58	0.09	5.56	8.86
	③ 働きやすさLow×働きがいLow	49	6.67	0.68	0.10	5.43	8.29
	④ 働きやすさLow×働きがいHigh	44	7.19	0.66	0.10	5.33	8.50
	検定	F (3, 182) =9.455　p<.001　効果量 η^2 = 0.135					
管理職信頼	① 働きやすさHigh×働きがいHigh	44	6.95	0.63	0.10	5.70	8.86
	② 働きやすさHigh×働きがいLow	49	6.58	0.86	0.12	4.56	8.71
	③ 働きやすさLow×働きがいLow	44	7.20	0.66	0.10	5.60	8.67
	④ 働きやすさLow×働きがいHigh	186	7.01	0.77	0.06	4.56	9.00
	検定	F (3, 182) =10.045　p<.001　効果量 η^2 = 0.142					

※ M：平均値、SD：標準偏差、SE：標準誤差、Min.：最小値、Max.：最大値

いインパクトを及ぼしています。

　各群所属の違いが信頼関係の分散を有意に説明していることが、**表4-1** の検定結果に示されています。一元配置分散分析による検定の結果は、いずれも有意差が認められており、効果量（η^2）も 0.135 〜 0.189 であり、基準値 0.14 を超える大きい効果です[*1]。各学校群間で、信頼関係スコアには大きな差があり、特に児童信頼と保護者信頼において顕著になっています。

---

*1　一元配置分散分析の効果量（η^2）の場合は、小（.01）、中（.06）、大（.14）が判断の目安となります（水本・竹内 2008）。

(2) 中学校

　中学校では、信頼関係の4次元いずれも、①働きやすさ High ×働きがい High の両立群が最も高いスコアを示しています（**図4-11**）。

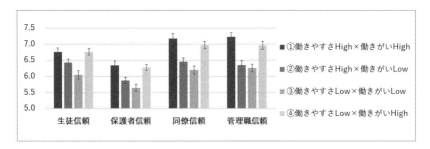

図4-11　中学校群別の信頼関係スコア

表4-2　中学校を対象とした一元配置分散分析の検定結果

	グループ	N	M	SD	SE	Min.	Max.
生徒信頼	① 働きやすさHigh×働きがいHigh	23	6.76	0.58	0.12	5.69	7.71
	② 働きやすさHigh×働きがいLow	28	6.43	0.55	0.10	5.44	7.57
	③ 働きやすさLow×働きがいLow	23	6.05	0.62	0.13	4.60	7.00
	④ 働きやすさLow×働きがいHigh	28	6.76	0.54	0.10	5.43	7.86
	検定	$F_{(3,98)}$ =8.475　$p<.001$　効果量 η^2 = 0.206					
保護者信頼	① 働きやすさHigh×働きがいHigh	23	6.34	0.64	0.13	5.18	7.57
	② 働きやすさHigh×働きがいLow	28	5.88	0.47	0.09	5.00	6.86
	③ 働きやすさLow×働きがいLow	23	5.65	0.51	0.11	4.30	6.45
	④ 働きやすさLow×働きがいHigh	28	6.28	0.48	0.09	5.13	7.14
	検定	$F_{(3,98)}$ =9.662　$p<.001$　効果量 η^2 = 0.228					
同僚信頼	① 働きやすさHigh×働きがいHigh	23	7.17	0.72	0.15	5.91	8.43
	② 働きやすさHigh×働きがいLow	28	6.46	0.61	0.12	5.29	7.71
	③ 働きやすさLow×働きがいLow	23	6.20	0.60	0.13	5.00	7.41
	④ 働きやすさLow×働きがいHigh	28	6.97	0.60	0.11	5.67	8.07
	検定	$F_{(3,98)}$ =12.040　$p<.001$　効果量 η^2 = 0.269					
管理職信頼	① 働きやすさHigh×働きがいHigh	23	7.23	0.66	0.14	6.14	8.29
	② 働きやすさHigh×働きがいLow	28	6.35	0.72	0.14	5.00	7.86
	③ 働きやすさLow×働きがいLow	23	6.26	0.59	0.12	4.71	7.20
	④ 働きやすさLow×働きがいHigh	28	6.96	0.64	0.12	5.61	7.93
	検定	$F_{(3,98)}$ =12.607　$p<.001$　効果量 η^2 = 0.278					

しかし、生徒信頼については、④働きやすさ Low ×働きがい High の働きがい重視の学校群と同じスコアです。

中学校では、生徒との信頼関係が働きやすさにはそれほど結びつかず、働きがいとより強く結びついている可能性が示唆されています。他の信頼次元においても、①と④のスコア差は小学校よりも小さく、信頼関係が働きやすさよりも働きがいに寄与する傾向が顕著です。

中学校においても、各群所属の違いが信頼関係の分散を有意に説明していることが、**表4-2** の検定結果に示されています。一元配置分散分析による検定の結果は、いずれも有意差が認められており、効果量（η^2）も 0.206 〜 0.278 であり、基準値 0.14 を超える大きい効果です。各学校群間で、信頼関係スコアには大きな差があり、特に同僚信頼と管理職信頼において顕著になっています。

⑶　高校

高校では、両立群の①の学校よりも、働きがい重視の④の学校群の方が、生徒信頼と保護者信頼のスコアが高いとする結果が得られています。

また、管理職信頼にも特徴が認められています。②の働きやすさ重視の学校における管理職信頼が最も低く、「高校教員にとって最も重要な働きがいを損ねるような働きやすさ（時短）」を追求している可能性があります。

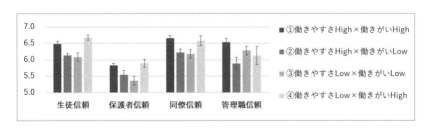

図 4-12　高校群別の信頼関係スコア

113

表4-3　高校を対象とした一元配置分散分析の検定結果

	グループ	N	M	SD	SE	Min.	Max.
生徒信頼	① 働きやすさHigh×働きがいHigh	13	6.48	0.26	0.07	6.33	6.64
	② 働きやすさHigh×働きがいLow	12	6.13	0.21	0.06	6.00	6.27
	③ 働きやすさLow×働きがいLow	14	6.08	0.47	0.13	5.81	6.36
	④ 働きやすさLow×働きがいHigh	14	6.67	0.29	0.08	6.50	6.84
	検定		F (3,49) 9.908		p<.001	効果量 η^2 = 0.378	
保護者信頼	① 働きやすさHigh×働きがいHigh	13	5.83	0.20	0.06	5.71	5.95
	② 働きやすさHigh×働きがいLow	12	5.55	0.44	0.13	5.27	5.83
	③ 働きやすさLow×働きがいLow	14	5.37	0.50	0.13	5.08	5.65
	④ 働きやすさLow×働きがいHigh	14	5.89	0.46	0.12	5.63	6.16
	検定		F (3,49) 4.715		p<.001	効果量 η^2 = 0.224	
同僚信頼	① 働きやすさHigh×働きがいHigh	13	6.65	0.28	0.08	6.48	6.82
	② 働きやすさHigh×働きがいLow	12	6.22	0.39	0.11	5.97	6.46
	③ 働きやすさLow×働きがいLow	14	6.17	0.49	0.13	5.89	6.45
	④ 働きやすさLow×働きがいHigh	14	6.58	0.54	0.14	6.26	6.89
	検定		F (3,49) 4.118		p<.001	効果量 η^2 = 0.201	
管理職信頼	① 働きやすさHigh×働きがいHigh	13	6.53	0.40	0.11	6.29	6.77
	② 働きやすさHigh×働きがいLow	12	5.88	0.67	0.19	5.45	6.30
	③ 働きやすさLow×働きがいLow	14	6.28	0.51	0.14	5.98	6.57
	④ 働きやすさLow×働きがいHigh	14	6.13	1.04	0.28	5.53	6.73
	検定		F (3,49) 1.905		p<.001	効果量 η^2 = 0.104	

　高校でも、各群所属の違いが信頼関係の分散を有意に説明していることが、**表4-3**の検定結果に示されています。一元配置分散分析による検定の結果は、いずれも有意差が認められており、効果量（η^2）は管理職信頼で0.104の中程度の効果ですが、他の3項目は0.201～0.378であり、基準値0.14を超える大きい効果です。各学校群間で信頼関係スコアには大きな差があり、特に生徒信頼において顕著です。

4 「働きやすさ」と「働きがい」が両立した職場の教員は幸せか？

　本章では、最後に、「働きやすさ」と「働きがい」が両立した職場

表 4-4　学校種別の一元配置分散分析の検定結果

	グループ	N	M	SD	SE	Min.	Max.
【小学校】							
主観的幸福感	① 働きやすさHigh×働きがいHigh	49	6.98	0.49	0.07	6.18	8.29
	② 働きやすさHigh×働きがいLow	44	6.38	0.54	0.08	5.33	7.33
	③ 働きやすさLow×働きがいLow	49	6.01	0.66	0.09	4.57	7.43
	④ 働きやすさLow×働きがいHigh	44	6.73	0.47	0.07	5.90	7.75
	検定	F $(3,182)$ =28.303　p<.001　効果量 η^2 = 0.318					
抑鬱傾向	① 働きやすさHigh×働きがいHigh	49	3.58	1.37	0.20	1.00	7.08
	② 働きやすさHigh×働きがいLow	44	5.19	1.56	0.23	2.13	7.88
	③ 働きやすさLow×働きがいLow	49	5.71	1.95	0.28	1.17	9.94
	④ 働きやすさLow×働きがいHigh	44	4.83	1.45	0.22	2.13	8.50
	検定	F $(3,182)$ =15.591　p<.001　効果量 η^2 = 0.209					
【中学校】							
主観的幸福感	① 働きやすさHigh×働きがいHigh	23	6.79	0.56	0.12	5.71	7.86
	② 働きやすさHigh×働きがいLow	28	6.07	0.57	0.11	5.06	7.25
	③ 働きやすさLow×働きがいLow	23	5.83	0.50	0.10	4.80	6.64
	④ 働きやすさLow×働きがいHigh	28	6.62	0.59	0.11	5.25	7.57
	検定	F $(3,98)$ =16.006　p<.001　効果量 η^2 = 0.329					
抑鬱傾向	① 働きやすさHigh×働きがいHigh	23	4.25	1.46	0.31	1.71	7.71
	② 働きやすさHigh×働きがいLow	28	5.77	1.57	0.30	3.94	9.10
	③ 働きやすさLow×働きがいLow	23	6.30	1.57	0.33	2.89	9.45
	④ 働きやすさLow×働きがいHigh	28	4.72	1.45	0.27	0.86	8.15
	検定	F $(3,98)$ =9.249　p<.001　効果量 η^2 = 0.221					
【高校】							
主観的幸福感	① 働きやすさHigh×働きがいHigh	13	6.39	0.49	0.14	5.60	7.53
	② 働きやすさHigh×働きがいLow	12	5.70	0.24	0.07	5.06	5.95
	③ 働きやすさLow×働きがいLow	14	5.58	0.46	0.12	4.77	6.36
	④ 働きやすさLow×働きがいHigh	14	6.27	0.31	0.08	5.77	6.81
	検定	F $(3,49)$ =14.413　p<.001　効果量 η^2 = 0.469					
抑鬱傾向	① 働きやすさHigh×働きがいHigh	13	5.49	1.17	0.33	2.57	7.04
	② 働きやすさHigh×働きがいLow	12	6.43	0.68	0.20	5.47	7.63
	③ 働きやすさLow×働きがいLow	14	6.66	0.96	0.26	5.50	9.19
	④ 働きやすさLow×働きがいHigh	14	5.53	0.96	0.26	4.13	7.30
	検定	F $(3,49)$ =5.270　p<.001　効果量 η^2 = 0.244					

の教員が、本当に幸せな状態にあるのかを確認します。上記の学校群の４類型を用いて、主観的幸福感と抑鬱傾向の分散を説明します。分析結果は、**表 4-4** に示すとおりです。

各学校種において主観的幸福感スコアは、①働きやすさ High ×働きがい High（両立群）、④働きやすさ Low ×働きがい High（働きがい重視群）、②働きやすさ High ×働きがい Low（働きやすさ重視群）、③働きやすさ Low ×働きがい Low（共に欠く群）の順となっています。効果量（η^2）は 0.318 〜 0.469 であり勤務する学校群の効果量は大きいです。

　一方、各学校種において抑鬱傾向はこれと逆の順位となっています。効果量（η^2）は 0.209 〜 0.244 であり、主観的幸福感ほどではありませんが、これも効果量は大きいです。

　いずれの学校種においても、「働きやすさ」と「働きがい」が両立している学校で勤務する教員が、最も幸せで健康的に働いているのです。

第5章

「働きやすさ」「働きがい」の地域・学校間の格差

5 章では、成果指標についての自治体間分散と学校間分散について検討します。在校等時間をはじめすとる働き方改革成果指標は、自治体間および学校間の分散がきわめて大きい実態を描き出しています。本章での分析を通して、「教職が問題ではなく、どこで働くかが問題」であるとする仮説を検証します。また、2020 年度と 2022 年度の比較分析を行うことで、2020 年度は長時間勤務の改善が重要でしたが、2022 年度は「働きがい」の改善がより重要な課題となっている実態を描き出します。

1 自治体間分散と学校間分散に着目する意義

　教員の働き方改革の成果は、自治体間や学校間で一律ではなく、多様であると予測されます。本章では、各自治体・各学校における働き方改革の成果についての全体的動向を確認したうえで、「働きやすさ（在校等時間）」と「働きがい（ワーク・エンゲイジメント）」の2軸からなる散布図を用いて成果の詳細を検討します。

　個人レベルデータを用いた働き方改革の成果測定では、成果が上昇していない場合、「教員の意識改革が不十分」であるためとされやすいです。しかし、自治体レベルデータや学校レベルデータを用いた成果検証を実施することで、教育委員会・学校管理職サイドの問題点が浮き彫りとなります。

　たとえば、都道府県教育委員会が、市町村教育委員会単位あるいは学校単位の在校等時間平均を把握したとしても、公表されることはなく（内部関係者どまり）、それらのデータが丹念に分析され、市町村教育委員会や学校に対する新たな知見が創出されることは稀です。

　また、多くの都道府県教育委員会は、所轄の市町村教育委員会・学校における「働きがい」指標についてのデータを保持していません。

必然、在校等時間の短い自治体・学校が評価され、在校等時間の改善が進まない場合は、「教師の意識改革が不十分」、あるいは中学校・高校では時間削減効果が大きい「部活動改革が不十分」で終わってしまいます。見た目の数字を整えるには、変動可能性が最も大きい部活動の縮減や地域移行が最も手っ取り早い方法なのです。

　しかしながら、「働きやすさ」「働きがい」スコアが、自治体間・学校間で大きな差異を示す場合、状況は異なります。「働きやすさ」は高いものの、「働きがい」が低調な自治体が出現しているかもしれません。この場合の教育委員会の働き方改革戦略の妥当性は問い直されます。また、「働きやすさ」「働きがい」スコアに、学校間で大きな差異があれば、学校管理職のマネジメントに問題があるという視点が生まれます。「働きやすさ」「働きがい」が両立している学校では教員は幸せで健康的な教職生活を送ることができ、共に低調な学校ではそれらが蝕まれることは容易に予測できます。

　それでは、「働きやすさ」は高いものの「働きがい」が低調な学校では教員にどのような現象が生じているのでしょうか。また、一般的に指摘されるように、「働きがい」は高いものの「働きやすさ」に欠く学校では、多くの教員が働きすぎで精神的な不調に陥っているのでしょうか。

2 成果指標の自治体間分散

》 地域の特徴による比較

　最初に、A県における各自治体の成果指標変数の自治体間分散について確認します。**表5-1** は、2020－2022年度の自治体別スコア（プールドデータ）です。各成果指標における自治体間差はいずれも統計的に有意でした。主観的幸福感は効果量小、80時間超過者率、ワーク・エンゲイジメント、職能開発機会は効果量中でした。

119

表 5-1　各自治体における働き方改革成果指標スコアの
平均値（M）と標準偏差（SD）

自治体	80時間超過者率		ワーク・エンゲイジメント		主観的幸福感		抑鬱傾向		職能開発機会		N
	M	SD	M	SD	M	SD	M	SD	M	SD	
A	0.23	0.42	30.62	10.46	6.13	2.13	5.43	4.78	4.68	1.82	1,029
B	0.28	0.45	30.96	10.11	6.31	2.06	5.12	4.77	4.19	1.91	737
C	0.17	0.38	32.49	9.99	6.61	1.98	4.45	4.57	4.30	1.87	945
D	0.11	0.31	30.67	10.04	6.29	1.98	4.90	4.59	3.82	1.99	1,619
E	0.11	0.32	32.20	8.34	6.66	1.90	5.12	4.80	4.32	1.80	134
F	0.10	0.30	30.71	9.91	6.20	2.00	5.45	4.73	4.10	1.94	3,269
G	0.14	0.34	31.57	9.56	6.43	1.92	5.79	4.66	4.27	1.93	324
H	0.22	0.41	30.22	9.62	6.28	1.87	5.02	4.51	4.04	1.84	467
I	0.30	0.46	30.05	9.53	6.32	2.02	5.43	4.89	3.76	1.85	329
J	0.20	0.40	30.13	9.74	6.36	1.89	4.77	5.04	3.90	2.10	198
K	0.12	0.33	32.32	9.85	6.76	1.98	4.35	4.56	4.98	1.63	161
L	0.15	0.36	31.28	9.82	6.42	1.90	4.36	4.11	4.41	1.87	623
M	0.22	0.42	33.20	8.97	6.55	1.91	3.99	3.99	4.54	1.87	268
N	0.17	0.38	32.28	9.49	6.46	1.95	4.46	4.33	4.53	1.80	526
O	0.14	0.35	34.40	9.69	6.96	1.89	3.61	3.72	4.69	1.91	137
P	0.16	0.37	32.18	9.68	6.46	2.12	5.03	4.87	4.23	1.86	495
Q	0.24	0.43	31.42	9.85	6.54	1.90	4.55	4.47	4.32	1.90	892
R	0.17	0.38	34.55	9.51	6.80	2.08	4.00	4.05	4.94	1.88	71
S	0.08	0.27	34.33	9.99	6.81	1.72	4.11	3.64	4.58	1.87	230
T	0.18	0.39	34.98	9.12	6.83	1.91	4.12	4.16	4.59	1.80	418
平均値	0.16	0.37	31.37	9.92	6.38	1.99	4.96	4.61	4.23	1.92	12,872
検定	H(K)=111.64**		F=6.00**		F=5.16**		H(K)=98.13**		F=5.69**		（合計）
効果量	V=0.329（中）		η^2=0.107（中）		η^2=0.074（小）		V=0.623（大）		η^2=0.093（中）		

※ ** p<.01., * p<.05. ワーク・エンゲイジメント、主観的幸福感、職能開発機会は正
規分布（Shapiro-Wilk 検定 >.05）であり、等分散性が仮定（Levene 統計量 >.05）
されているため分散分析を実施した。効果量指標には η^2（小 0.01、中 0.09、大
0.14）を採用した 80 時間超過者率と抑鬱傾向は正規分布ではないため、ノンパラメ
トリック検定（Kruskal-Wallis 検定）を実施した。効果量指標には Cramer の V（小
0.10、中 0.30、大 0.50）を採用した。

　抑鬱傾向には大きな効果量が認められています。最小値は自治体
「O」の 3.61 点、最大値は自治体「G」の 5.79 点でした。どの自治体
で勤務するかによって、教員の抑鬱傾向には大きな差が生じています。
　およその傾向ですが、A ～ E は第 2 次産業が中心の地区、F ～ K は
第 3 次産業が中心の地区、L ～ T は第 1 次産業が中心の地区に大別で
きます。集計結果を見ると、第 1 次産業地区での相対的なスコアの高

さが顕著です。理由の解釈において確固たる根拠はありませんが、おおよそ以下の5点が考えられます。

第1は、新型感染症ウイルスの影響です。第1次産業地区は、A県内でも感染者数が少なく、2020－2022年度間、他地区に比べて活動の自由度が高かったといえます。

第2に、教育委員会による学校「支援」の姿勢です。第2次産業地区と第3次産業地区では、働き方改革の推進において教育委員会が基準を定め、基準への従属を「管理」する姿勢がうかがえます。一方、第1次産業地区では、所轄学校数が少ないこともあり、教育委員会と学校（校長）との関係が密であり、教育委員会が学校の求めに応じて的確に「支援」する姿勢がうかがえます。

第3は、学校・学級規模です。第1次産業地区では、小規模校（小規模学級）が多く、教員による指導面での負担は相対的に少ないです。

第4は、教員の年齢です。第1次産業地区は、教員の平均年齢が高く、ベテラン教員によって学校が組織されています。一方、第2・第3次産業地区では、若年層教員が近年急増しています。

第5は、保護者の学校関与態度です。第1次産業地区では、地域住民が学校を支えようとする態度が鮮明であり、理不尽な要求等は相対的に少なくなっています。教職に対する畏敬の念も地域内に強く残っています。

これらの理由を総括すると、第1次産業地区におけるスコアの高さは、教員を取り巻く人々との信頼関係、すなわち、児童生徒、保護者、同僚教職員、管理職、地域住民、そして教育委員会との信頼関係に根ざしていると解釈できます。学校を核とする古き良き共同体が現存しているのです。

》 働き方改革は「教職のあり方」より「どこで働くか」が問題

次に、80時間超過者率に着目します。長時間勤務者が多い自治体

では、他の成果指標スコアも連動して低い傾向にあります。たとえば「A」「B」「H」「I」は80時間超過者率が高く[*1]、ワーク・エンゲイジメントと主観的幸福感が平均以下であり、抑鬱傾向は平均以上です。職能開発機会のスコアも相対的に低調です（自治体「A」を除く）。これらの自治体では、教員の学びに向かうゆとりが確保されていない可能性があります。

　それでは、長時間勤務が改善されると他の成果指標スコアが改善されるかといえば、そうでもありません。確かに、80時間超過者率が10%程度となっている「K」「S」では、ワーク・エンゲイジメントと主観的幸福感も高く、理想的な状況となっています。ただし、これらの自治体は県内でも規模が小さい点に留意が必要です。

　気になるのは自治体「D」「F」です。これらの自治体では、80時間超過者率が10%程度に抑えられていますが、それ以外の成果指標スコアは下位に属するものが多くなっています。これらの自治体は人口規模が相対的に大きく、教員を取り巻く信頼関係を醸成することは、第1次産業地区のようにはいきません。しかし、このことは長時間勤務者率が多い「A」「B」「H」「I」にも部分的にあてはまります。

　2018－19年度のデータがないため、比較はできませんが、自治体「D」「F」の80時間超過者率はこの数年で大幅に減少しているでしょう。働き方改革の時短視点では、自治体「D」「F」は最も高く評価され、場合によっては好事例としての扱いを受ける可能性もあります。しかし、時短以外の成果指標を見ると、自治体「D」「F」は、働き方改革が最も進展していない自治体であるとの評価を受けます。教員の働きがいと幸福感は低調であり、抑鬱傾向は高いです。働き方改革の成果を「時間短縮」の視点のみで評価する時短第一主義には大いに疑問を感じます。「働き方改革を推進することで○○時間の縮減に成功

---

*1　80時間非超過者率が高い自治体には、教育委員会による在校等時間の管理ができていない自治体が含まれています。

しました!!」とする自治体の PR は、手放しで喜べない可能性があるのです。

　自治体単位で集計すると、特定の都道府県内でも自治体によって実態が多様であることが明らかとなります。たとえば、80 時間超過者率は、平均値は 16% ですが 8% から 30% の範囲にあります。以下、ワーク・エンゲイジメントは、平均値 31.37 点に対して 30.05 点から 34.98 点の範囲。主観的幸福感は、平均値 6.38 点に対して 6.13 点から 6.96 点の範囲。抑鬱傾向は、平均値 4.96 点に対して 3.61 点から 5.79 点の範囲。職能開発機会は、平均値 4.23 点に対して 3.76 点から 4.98 点の範囲をとります。特定都道府県のなかでも、自治体間でこれだけの分散が発生しています（自治体間の平均値の差は統計的に有意）。

　働き方改革は、なにかと教職のあり方が問題にされがちですが、自治体間の分散をみると、どこで（どの自治体で）働くかが問題であるように見えます。

3 各自治体の「働きやすさ」と「働きがい」の状況

　次に、各自治体の「働きやすさ」と「働きがい」の状況を、散布図（図 5-1、図 5-2）を用いて視覚的に理解します。「働きがい」の代理指標として「ワーク・エンゲイジメント」得点を X 軸に、「働きやすさ」の代理指標として「長時間勤務の抑止＝ 80 時間非超過者率[*2]」を Y 軸にとる散布図を描き、抑鬱傾向（四分位、マーカー種類；×＝高群、△＝中高群、◇＝中低群、○＝低群）、主観的幸福感（0.2 点区分、マーカーサイズ）、信頼関係（四分位、マーカー数値；1 ＝低群、

---

*2　80 時間超過者率は、在校等時間ランク 5 件法の平均値との間の相関関係が強いです（年度を統制した偏相関係数は .807）。A 県では、第 1 ステージとしての 80 時間超過者率ゼロを目指す目標を掲げているため、政策フィードバックの視点から、Y 軸に在校等時間ランクの平均スコアではなく 80 時間超過者率の方を選択しました。なお、図 5-1 以下の散布図の形状は、どちらの変数を用いてもほぼ同じでした。

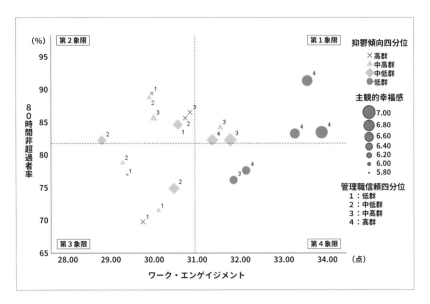

図 5-1　各自治体における「働きやすさ」と「働きがい」
の状況－管理職信頼編－

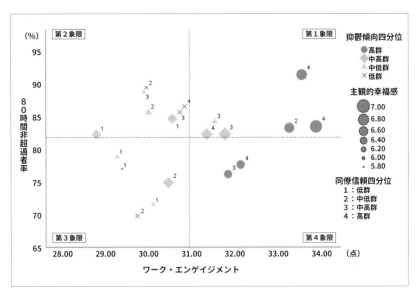

図 5-2　各自治体における「働きやすさ」と「働きがい」
の状況－同僚信頼編－

2＝中低群、3＝中高群、4＝高群）の3要素を配置しました。

　信頼関係については、管理職信頼の四区分を図5-1に、同僚信頼の四区分を図5-2に布置しています。第1象限（右上）を「働きがい」と「働きやすさ」が両立された自治体、対極の第3象限（左下）を選ばれない自治体、第2象限（左上）を働きやすさ重視の自治体、第4象限（右下）を働きがい重視の自治体と仮定します。各象限の区分には軸の平均値を用いました。

　A県では、自治体レベルで見ると、「働きがい（ワーク・エンゲイジメント）」が高い自治体において「抑鬱傾向」が低い傾向が示されています（図5-1）。また、第1象限に主観的幸福感が高い自治体（マーカーサイズ大）が集中していることがわかります。「働きがい」と「働きやすさ」が両立した自治体において、教員の主観的幸福感は高い傾向が確認されています。

　興味深い点は、「働きやすさ」重視の第2象限に、抑鬱傾向の高群（マーカー種類×）が集中している点です。時短圧力による管理強化、業務改善を伴わない時短、持ち帰り仕事の蔓延現象が発生している可能性があります。この解釈は、第2象限の自治体は、管理職との信頼関係が相対的に脆弱な点によって強化されます。

　また、第3象限の自治体は抑鬱傾向が高く（マーカー種類△×）、主観的幸福感も低位（マーカーサイズ小）です。管理職信頼も低位状態にあり、働き方改革が最も必要とされる自治体であるといえます。

　図5-2は、マーカー数値を同僚信頼に入れ替えたものです。およその傾向は管理職信頼と同様ですが、ワーク・エンゲイジメントが低位の左寄りにプロットされている自治体が、同僚信頼が相対的に低調であることが確認されます。特に、第3象限の「働きやすさ」と「働きがい」が共に低位の自治体には、同僚信頼「1」が集中しています。同僚信頼を欠く場合に、「働きやすさ」と「働きがい」の両立は困難となる可能性が示唆されます。

散布図を見ると、教員のウェルビーイングは、どこで働くかによって大きく左右されている実態をより明確に理解できます。たしかに、第3象限の自治体で働く教員は、困難に直面している教員の比率が高いと思われます。しかし、ワーク・エンゲイジメント得点を見ると、最低の自治体であっても29点近くあり、民間企業調査の平均値23点をはるかに上回っている点に留意が必要です。

■4 成果指標の学校間分散

次に、各学校種における成果指標スコアの学校間分散について確認します。**表5-2**は、各学校種における学校間差の検定結果と効果量の一覧です。学校間差の検定は、自治体同様、複数年のプールドデータを利用しています。

小・中学校では、中学校の抑鬱傾向を除くすべての指標で統計的に有意な学校間差が認められました。効果量は抑鬱傾向が小さい効果（小・中学校共通）ですが、その他の4指標では中程度の効果が認められています。どの学校で勤務するかによって、働き方改革の成果指標スコアは一定の影響を受けます。

高校と特別支援学校は、すべての指標で統計的に有意な学校間差が認められています。ただし、効果量はほぼすべてが小です。高校では、80時間超過者率の学校間差が他の指標に比べて大きく、どの学校で勤務するのかが在校等時間の長さに影響を及ぼしています。

表 5-2　各学校における働き方改革成果指標スコアの記述統計と検定結果

	80時間超過者率	ワーク・エンゲイジメント	主観的幸福感	抑鬱傾向	職能開発機会
小学校（N=578）					
平均値、標準偏差	0.11, 0.14	31.99, 3.62	6.50, 0.67	4.70, 1.63	4.41, 0.75
最小値-最大値	0.00-0.83	23.36-48.50	4.50-8.43	0.67-9.94	1.90-6.50
検定	χ^2=1130.875**	F=1.622**	F=1.336**	H(K)=645.142**	F=2.403**
効果量	V=0.396（中）	η^2=0.095（中）	η^2=0.095（中）	V=0.244（小）	η^2=0.134（中）
中学校　（N=296）					
平均値、標準偏差	0.24, 0.18	30.72, 3.64	6.22, 0.68	5.28, 1.53	4.17, 0.83
最小値-最大値	0.00-0.70	20.33-41.50	4.00-8.08	0.86-9.80	1.57-6.50
検定	χ^2=338.256**	F=2.040**	F=1.498**	H(K)=131.181**	F=2.498**
効果量	V=0.378（中）	η^2=0.091（中）	η^2=0.101（中）	V=0.214（小）	η^2=0.109（中）
高校（N=211）					
平均値、標準偏差	0.28, 0.15	28.73, 2.22	6.02, 0.49	5.76, 1.12	3.90, 0.48
最小値-最大値	0.00-0.72	22.30-35.57	4.77-7.53	2.57-9.19	2.46-5.33
検定	χ^2=386.049**	F=3.743**	F=3.482**	H(K)=1530.215**	F=2.844**
効果量	V=0.310（中）	η^2=0.046（小）	η^2=0.043（小）	V=0.126（小）	η^2=0.035（小）
特別支援学校　（N=43）					
平均値、標準偏差	0.05, 0.05	28.91, 1.97	6.11, 0.30	5.75, 1.18	3.19, 0.80
最小値-最大値	0.00-0.21	25.04-33.54	5.00-6.70	4.39-12.00	0.00-4.85
検定	χ^2=39.309**	F=4.718**	F=3.341**	H(K)=39.281**	F=11.039**
効果量	V=0.168（小）	η^2=0.033（小）	η^2=0.024（小）	V=0.132（小）	η^2=0.075（小）

※ ** $p<.01$., * $p<.05$. ワーク・エンゲイジメント、主観的幸福感、職能開発機会は正規分布（Q-Q プロットで判定）であり、なおかつ等分散性が仮定されている（Levene 統計量 >.05）ため、分散分析を実施した。効果量指標には η^2（小 0.01、中 0.09、大 0.14）を採用した。抑鬱傾向は正規分布ではないためノンパラメトリック検定（Kruskal-Wallis 検定）を、また、80 時間超過者率は二値変数であるためカイ二乗検定を実施した。これらの検定の効果量指標には Cramer の V（小 0.10、中 0.30、大 0.50）を採用した。

最後に、学校間分散の年度比較を、**表5-2**で紹介したデータを用いた散布図で視覚的に確認します。散布図の表現方法は**図5-1**および**図5-2**と同様です。各学校種において2020年度分と2022年度分を描き、学校間分散の変化の傾向を確認します。

(1) 小学校

小学校の2020年度散布図（**図5-3**）では、80時間超過者がゼロの学校（80時間非超過者率が1.00）がすでに多数あることがわかります。あわせて、ワーク・エンゲイジメントが平均値よりも高く「働きがい」と「働きやすさ」が両立した学校では、学校単位の主観的幸福感が高く（マーカーサイズが大）、同僚信頼が高く（数値3と4が多い）、そして、抑鬱傾向の高い学校（マーカー種類が×）がほとんどありません。働きがいと働きやすさの両立は、同僚信頼に支えられており、両立状況下で教員の主観的幸福感が高く、抑鬱傾向が低い、まさに教員のウェルビーイングが実現した状態であるといえます。

一方、80時間非超過者率が1.00に近くとも、ワーク・エンゲイジメントが相対的に低調である第2象限の学校群では、様相が異なります。これらの学校群では、第1象限に比べると、抑鬱傾向の高群（マーカー種類が×）がかなり多いです。主観的幸福感の水準はやや低下（マーカーサイズの小型化）し、同僚信頼低群（マーカー数値1）が目立ちます。仕事への没頭や日々の達成感・充実感・成長感が十分得られておらず、働きやすさ（長時間勤務の抑止）だけが実現している学校では、同僚との信頼関係が脆弱であり、教員の抑鬱傾向が高い実態が示されています。ワーク・エンゲイジメントの視点を欠いた長時間勤務対応では、教員のウェルビーイングの実現につながりにくいと

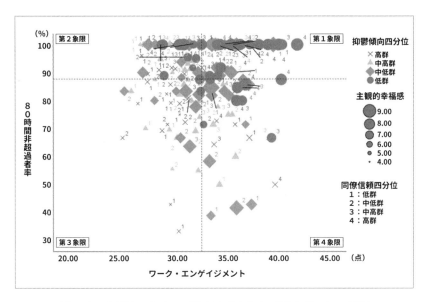

図 5-3　小学校における「働きやすさ」と「働きがい」の状況
－ 2020 年 11 月－

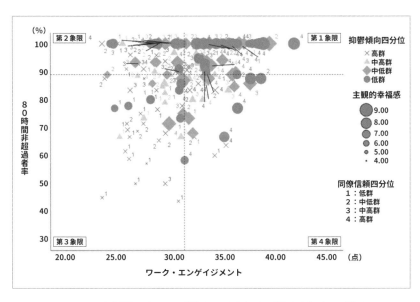

図 5-4　小学校における「働きやすさ」と「働きがい」の状況
－ 2022 年 11 月－

いえます。

一方、ワーク・エンゲイジメント重視で、働きやすさに課題がある第4象限の学校では、抑鬱傾向低位の学校（マーカー種類が○）は少なく、同僚信頼も低調な学校（マーカー数値が1）が多いです。小学校の場合は、信頼関係に欠ける学校で長時間勤務が発生するという**第3章**の結果と一致しています。

そして、80時間非超過者率とワーク・エンゲイジメントが共に低調な第3象限の学校では、抑鬱傾向高群（マーカーサイズ×）が最も多く、主観的幸福感が低調（マーカーサイズ小）であり、同僚信頼も脆弱（マーカー数値1－2が多い）です。

2020年度の散布図（**図5-3**）は、第2象限左上を起点として、ワーク・エンゲイジメントの得点が高くなると80時間非超過者率のバラツキが大きくなる分布傾向を示しています。第4象限の学校群では、抑鬱傾向が高い学校も散見され、同僚信頼が高い学校は少ないです。2020年度秋時点では、働きがいが高い場合でも、長時間勤務の教員が多い学校では負の事象が発生していました。長時間勤務が常態化している学校の時短は、きわめて重要な課題でした。

しかし、2年後の2022年度の散布図（**図5-4**）では、ワーク・エンゲイジメントが低調な学校では80時間非超過者率のバラツキが大きく、ワーク・エンゲイジメントの高位群では80時間非超過者率のバラツキは小さく、第1象限右上に向けて収束しているようです。ワーク・エンゲイジメントが低調な学校が、同僚信頼が乏しく、長時間勤務で抑鬱傾向を高めているように見えます。2020年秋頃、小学校の教員は長時間勤務で苦しんでいました。しかし、2022年秋になると、教員は働きがいの欠如で苦しむようになっているのです。

⑵　中学校

2020年度の中学校（**図5-5**）では、小学校とは異なり、80時間非

超過者率100%の学校はわずかです。同値が約80%以上の学校では、ワーク・エンゲイジメントが高い場合（平均値超）に、抑鬱傾向が相対的に低く（マーカー種類△と×が少ない）、主観的幸福感が高く（マーカーサイズが大きい）、同僚信頼が相対的に高くなっています（マーカー数値3－4が多い）。小学校との最大の違いは、第3象限に属する学校と第4象限に属する学校との間に違いが見えにくい点です。抑鬱傾向・主観的幸福感・同僚信頼のいずれにおいても、顕著な差異は認められません。

　「働きやすさ」だけが高得点である第2象限の学校群では、80時間非超過者率が100%の、いわば働き方改革のモデルとなるような学校において、抑鬱傾向が高く（マーカー種類△×）、主観的幸福感が低く（マーカーサイズ小）、同僚信頼が脆弱（マーカー数値1）です。教員の「働きがい」が低い学校では、教員の長時間勤務が抑制できていたとしても、他の成果指標変数に課題が認められています。

　また、長時間勤務が改善されず、ワーク・エンゲイジメントも低調な第3象限の学校では、抑鬱傾向が高く（マーカー種類×）、主観的幸福感が低く（マーカーサイズ小）、同僚信頼も低くなっています（マーカー数値1）。

　中学校では、学校レベルでの「働きがい」が高い場合に抑鬱傾向が低く、主観的幸福感と同僚信頼が高い傾向にあります。一方、「働きがい」が低い場合に、抑鬱傾向が高く、主観的幸福感と同僚信頼が低い傾向にあります。中学校では、「働きがい」が、教員の幸せ・健康・信頼関係を大きく左右する要因であるといえます。

　また、第3象限のワーク・エンゲイジメント20－25点水準の学校群（指導困難校の可能性が高い）を除くと、分布形状は小学校と似ています。ワーク・エンゲイジメントが低い学校では、80時間非超過者率は低調です。ワーク・エンゲイジメントが高くなることで、80時間超過者率の差が徐々に拡大する分布をとります。長時間勤務を抑

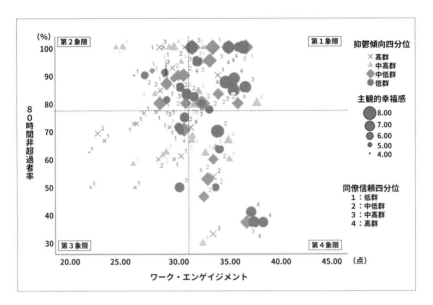

図 5-5　中学校における「働きやすさ」と「働きがい」の状況
－2020 年 11 月－

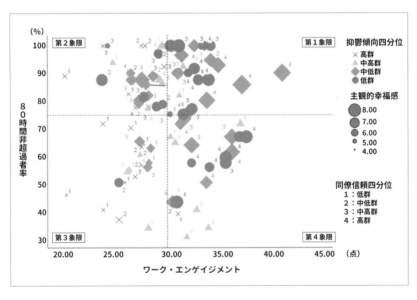

図 5-6　中学校における「働きやすさ」と「働きがい」の状況
－2022 年 11 月－

制しながら高いワーク・エンゲイジメントを維持する学校（第1象限）と、長時間勤務によって高いワーク・エンゲイジメントを維持する学校に分かれています。

　2年後の2022年度（**図5-6**）においても、中学校では、ワーク・エンゲイジメントの重要性が際立っています。抑鬱傾向が高い学校（上位25％、マーカー種類×）は、ワーク・エンゲイジメントが平均を超える学校群には1校しかありません。また、ワーク・エンゲイジメントが高い学校では、主観的幸福感が高く（マーカーサイズ大）、同僚信頼も良好です（マーカー数値3－4）。抑鬱傾向・主観的幸福感・同僚信頼の得点傾向が、第1象限と第4象限でほぼ同様である点は、小学校には見られない特徴です。中学校では、80時間超過者率のインパクトは明らかに脆弱です。

　2022年度の分布形状は、小学校ほど明瞭ではありませんが、ワーク・エンゲイジメントが低い場合に、80時間非超過者率は拡散していますが、ワーク・エンゲイジメントが高い場合には80時間非超過者率の分散は上方向に収束する形をとっています。

⑶　高校

　2020年度の高校（**図5-7**）では、80時間非超過者が100％に近い学校はわずかです（1校のみ）。働きがいと働きやすさが両立している第1象限では、抑鬱傾向が低く（マーカー種類△×が少ない）、主観的幸福感が高く（マーカーサイズ大）、同僚信頼も相対的に高くなっています（マーカー数値3－4が多い）。ただし、第1象限とほぼ同様の傾向が、第4象限においても確認されています。長時間勤務者が多い学校であっても、相対的にではありますが、抑鬱傾向は低く、主観的幸福感は高く、同僚信頼も良好です。中学校と同様に、高校でも、学校レベルのワーク・エンゲイジメントが高い場合に、教員は良好な状態で勤務することができます。

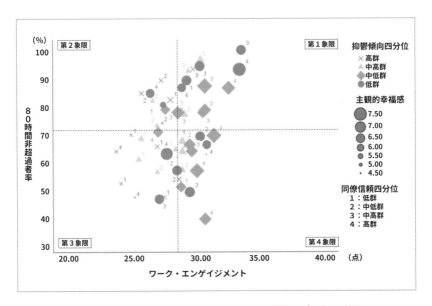

図 5-7　高校における「働きやすさ」と「働きがい」の状況
－ 2020 年 11 月－

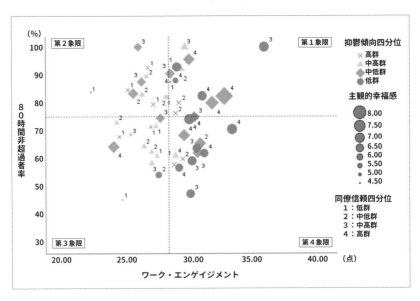

図 5-8　高校における「働きやすさ」と「働きがい」の状況
－ 2022 年 11 月－

問題は、ワーク・エンゲイジメントが低い状態にある学校群です。第２象限の学校は少ないですが、抑鬱傾向が高く、同僚信頼が低調な学校が目立ちます。また、第３象限の共に両立できていない学校においても、第２象限の学校と類似の傾向を示しています。

　ただし、同僚信頼高位の学校がいくつか含まれている点に注意が必要です。これらの学校群では、同僚とのチームワークで、また、長時間勤務で何とか学校を活性化しようとしているのではないでしょうか。しかし、問題解決の道程は遠く、日々の達成感と充実感が実感できず、抑鬱傾向は高まり、主観的幸福感も蝕まれるような状況に陥っている可能性があります。

　2022年度（**図5-8**）は、2020年度からそれほど変化していません。ワーク・エンゲイジメントが教員の抑鬱傾向・主観的幸福感・同僚信頼を左右しています。また、抑鬱傾向の低い学校が、第４象限に集中している点も興味深いです。第４象限には、県内の文武両道志向の大規模進学校が集中しています。働きやすさ重視で働きがいが弱くなっている第２象限の学校と対照的です。

⑷　特別支援学校

　最後に、特別支援学校の状況について確認しておきます。特別支援学校では、長時間勤務者の比率は小さく、多くの学校が10％以内に収めています。

　2020年度（**図5-9**）は、抑鬱傾向・主観的幸福感・同僚信頼との関連性が見えにくいです。しかし、2022年度（**図5-10**）は、ワーク・エンゲイジメントが相対的に低い学校で、抑鬱傾向が高く、主観的幸福感が低く、同僚信頼が低調な傾向が示されています。他校種と同様、教員の抑鬱傾向・主観的幸福感・同僚信頼が、ワーク・エンゲイジメントによってより強く左右されています。

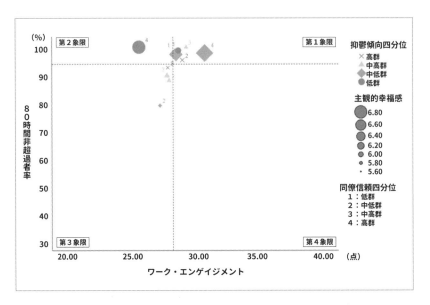

図 5-9　特別支援学校における「働きやすさ」と「働きがい」
の状況 − 2020 年 11 月 −

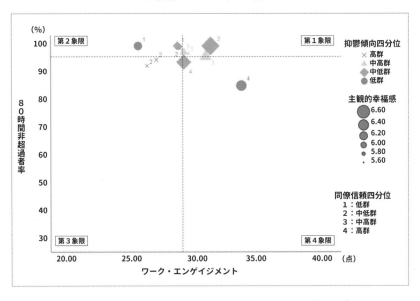

図 5-10　特別支援学校における「働きやすさ」と「働きがい」
の状況 − 2022 年 11 月 −

第6章

「働きがい」を高める
業務改善研修の提案

6 章では、働き方改革とは、「働きがい」のある職場を創りあげる
ための「組織開発」であると捉えたうえで、「働きがい改革」業務改
善研修を提案します。この組織開発＝校内研修では、「働きやすさ改
革」業務改善研修が「早く帰るためにはどうすればよいか」を研修課
題とするのに対し、「働きがいの維持向上のためにはどうすればよい
か」を研修課題とします。教員のワーク・エンゲイジメント向上のた
めの新たな実践的方法論の提案となります。

1 組織開発としての「働きがい改革」業務改善研修

　働き方改革とは、「働きがい」のある職場を創りあげるための「組
織開発」です（斎藤 2019：14-15）。「働きがい」のある職場とは、
多くの職員が仕事に熱意と誇りを持ち、仕事を通しての達成感・充実
感・成長感を高頻度で体験できる職場です。「組織開発」とは、人を
集めただけでは「うまく動かない」組織を「うまく動くようにする」
ための「意図的な働きかけ」であり、①見える化（自分の組織の問題
を「可視化」する）、②ガチ対話（可視化された問題を関係者一同で
真剣勝負の対話）、③未来づくり（これからどうするかを関係者一同
で決める）のステップがあります（中原・中村 2018：35-42）。

　つまり、組織開発論の視点に立てば、問題の可視化に基づく関係者
間での対話を通して、働きがいのある職場を創りあげることが「働き
方改革」であるとの解釈に至ります。

　この場合、働き方改革を、管理強化を伴う時短要求や強制的な業務
削減要求に応答することとして捉えることにはなりません。教員の働
き方改革にあてはめると、それは、校内研修等を契機に、教員の主体
性や専門性を基盤として、問題を可視化し、関係者間の対話を通して、
「働きがい」ある職場を創りあげていくこととなります。

》 必要なのは「働きがい」の現状の維持・改善

前章の調査データでは、「働きやすさ」よりも、教員が「働きが
い」を実感できていない場合に、心身の不調や幸福感の低下が発生す
る可能性が示唆されています。今必要なのは、いわば、教員の「働き
がい改革」であり、「働きがい」の現状を維持・改善できるのが組織
開発型の校内研修です。

ここ数年、時短、業務削減、地域移行等を主眼とする「働き方改革
＝働きやすさ改革」業務改善研修が、全国の教育センターや学校で展
開されてきました。在校等時間の縮減のみが成果指標として設定され
るため、「早く帰る（帰らせる）にはどうすればよいか」といった研
修課題が設定されます。専門性・自律性・奉仕貢献性を教職アイデン
ティティとする教員には、この研修課題では前向きになれません。そ
れが目的ではなく、目的達成のための方法であることを理解している
からです。教員のウェルビーイングが部分的に実現できたとしても、
子供のウェルビーイングとの関連性が理解しづらいのです。

一方、達成感・充実感・成長感の実感や職務への熱意・没頭等の維
持向上を主眼とする「働きがい改革」業務改善研修（後述）の実践も、
細々とではありますが局地的に蓄積されつつあります。ワーク・エン
ゲイジメントの維持向上が研修成果として求められ、「働きがいの維
持向上のためにはどうすればよいか」を提案することが研修課題とな
ります。専門性・自律性・奉仕貢献性を教職アイデンティティとする
教員には、この研修課題は受容されやすいものとなります。教員のウ
ェルビーイングと子供のウェルビーイングとの接合も容易にイメージ
できます。

以下、「働きがい改革」業務改善研修の考え方をワーク・エンゲイ
ジメント、教員の主体性、信頼関係の視点から説明し、研修の具体的
な方法および実施上の留意点について、実践例をふまえて説明してい
きます。

2 「働きがい改革」業務改善研修の考え方

⑴ ワーク・エンゲイジメント

　現在われわれが実践している「働きがい改革」業務改善研修の考え方は、**図6-1**のシートに集約されています。以下、ワーク・エンゲイジメントの理論（島津2014）を参考として、教員業務を仕事への態度・意欲認知（「取り組みたい」から「取り組みたくない」）、活動水準（「実践できている」から「実践できていない」）の2軸交差マトリクスで捉えます。すると、教員業務の4領域が成立します。

図6-1　「働きがい改革」業務改善研修のフレーム

　第1象限は、①働きがい領域であり、「取り組みたい」かつ「実践できている（している）」、いわば働きがいを感じている業務がここに含まれます。たとえば、授業実践、学級経営、教材研究、自主研修、部活動、学校行事等、指導系や職能成長系の業務が働きがい領域に布置されることが多いです（**表6-1**参照、以下同様）。

表6-1 「働きがい改革」業務改善研修での業務配置例
（ミドルリーダー研修）

	働きがい	負担感	手抜き	焦り
指導系	授業実践 学級経営 生徒指導 道徳教育 特別支援教育 不登校支援 ICT活用 学校行事 部活動 登下校指導 補充学習	生徒指導 ICT活用 学校行事 部活動 登下校指導	生徒指導 特別支援教育 不登校支援 ICT活用	授業実践 学級経営 生徒指導 特別支援教育 不登校支援 ICT活用
職能成長系	教材研究 校内研修 行政研修 自主研修 人材育成	校内研修 行政研修 人材育成 公開授業	教材研究 自主研修 人材育成 公開授業	教材研究 校内研修 自主研修 人材育成 公開授業
外部連携系	保護者対応 PTA活動 家庭訪問 HP・広報 地域行事参加	保護者対応 PTA活動 地域行事参加 外部団体参加	PTA活動 家庭訪問 HP・広報 地域行事参加 外部団体参加	保護者対応 HP・広報 地域行事参加 外部団体参加
管理系		会議等 施設管理 各種書類管理 調査報告回答 会計処理	各種書類管理 調査報告回答 出退勤管理	職員会議等 施設管理

　第2象限は、②負担感領域であり、「取り組みたくない」かつ「実践できている（している）」、負担を感じている業務が個々に含まれます。たとえば、生徒指導、保護者対応、PTA活動、地域行事参加、外部団体参加、会議等、各種書類管理、調査報告回答、会計処理等が含まれます。外部連携系と管理系の業務が布置されることが多いです。

　第3象限は、③手抜き領域であり、「取り組みたくない」かつ「実践できていない（していない）」、手を抜いても支障のない業務が含まれます。たとえば、PTA活動、外部団体参加、各種書類管理、調査報告回答等、特に外部連携系と管理系の業務が布置されることが多いです。

　第4象限は、④焦り領域であり、「取り組みたい」かつ「実践でき

ていない（していない）」、手つかずで、焦りを感じている業務が含まれます。たとえば、特別支援教育、ICT活用、不登校支援、教材研究、自主研修等、付加的力量獲得が求められる指導系業務や義務づけられていない職能成長系業務が布置されることが多いです。

》 時短のみを推進するとどうなるか

さて、現状のスタッフ配置（教員不足）状況で、時短をさらに推し進めるとどうなるでしょう。「実践できている（している）」水準が低下するため、**図6-2**に示す斜線部分が生まれるでしょう。管理的な時短圧力は、働きがいを実感していた業務を減らす可能性があります。

また、時短によって負担感業務が改善されるとは限りません。生徒指導や保護者対応は時短によって改善解消される業務ではありません。実践できていない（していない）業務は増加し、手抜きが増え、焦りがさらに増すリスクがあります。実際に、時短圧力が強い自治体では、他の自治体では見られない、焦り領域への業務の集中現象が認められ

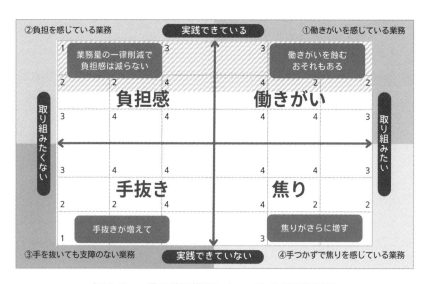

図6-2　一律の時短推進によって生じる変化予測

ます。

　業務削減をねらいとする研修では、担当業務を列挙したうえで、
「どの業務をなくすことができるか」「労力・時間を減らすことができ
るか」といった課題に取り組むでしょう。過剰な業務を整理していく
過程では、「働きやすさ改革」業務改善研修が適しているのかもしれ
ません。

》》　研修で目指す業務配置

　一方、「働きがい改革」業務改善研修が目指すところは、**図6-3**に
示す業務配置の実現です。まず、働きがいを実感しやすい業務は維持
向上を目指します。その業務がおもしろくて教員をしているわけであ
り、活力の源でもあります。

　負担感領域については、セル内において困難度の高い「1」「2」に
布置される業務の優先的改善を目指します。また、手抜き領域では、
「1」「2」に相当する業務の削減・廃止・移行を視野に入れて検討し

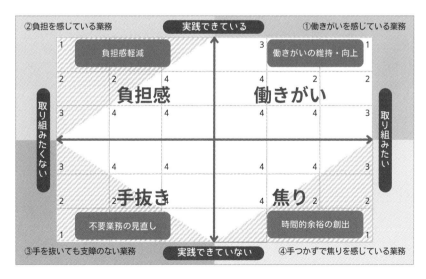

図 6-3　「働きがい改革」業務改善研修のねらい

ます。不要業務の見直しによって創出された時間を、焦り領域の業務遂行にあて、焦りの解消を図ります。

　理想は、すべての業務が働きがい領域に入ることですが、実現の難易度は相当高いです。負担感・手抜き・焦りの「3」「4」にいくつかの業務があるものの、働きがいを実感する業務が最も多い。こうした業務配置を、校内のより多くの教員が実現できている——それが働きがいある職場の姿ではないでしょうか。

(2)　教員の主体性

　「働きがい改革」業務改善研修では、教員の主体性を尊重します。教員を専門性・自律性・奉仕貢献性を備えた高度専門職として捉えるならば、その働き方は多様であり、主体的選択の余地が大きいはずです。また、同じ教員の職にあっても勤務自治体・勤務校・キャリアステージにおいて、働き方は多様です。当然のことですが、勤務校で果たすべき役割によって、また、教員のライフイベント（結婚・出産・子育て・介護・病気等）によって働き方は変化します。

　さらに、同じ業務であっても、それを働きがいと認知するか、負担と認知するかは、教員ごとに多様です。たとえば、部活動を「働きがい」の「1」に布置する教員がいる一方、「負担感」の「1」に布置する教員もいます。教員の働き方は、同一定の制約条件を考慮しつつも、同僚・管理職、さらには児童生徒・保護者との相互作用のなかで自らが主体的に創りあげていくものです。

(3)　信頼関係

　働き方の構築過程においても、信頼関係が重要となります。日常の対話を通して、また、研修機会を通して、同僚教員相互が、互いの「負担感」「焦り」およびその背景要因（家庭生活等）を相互理解することで、同僚への支援のポイントを理解することができます。同僚教

員相互が、これらの業務の改善のために協調することで、また、知識・技能、情報を共有することで、互酬性規範（お互い様の規範）が形成されます（露口2016a）。支援─被支援関係が規範として継続するお互い様の関係があれば、教員は帰りやすくなり、休みやすくなります。

》 教員個々の負担業務への気づきが信頼関係につながる

　研修は、一般的に学年や分掌等の小グループに分けて実施されます。この場合に、特に重要な気づきが２点得られます。ひとつは、同じ学年・分掌間でも、「働きがい」業務や「負担感」業務がきわめて多様である点への気づきです。たとえば、小学校の同学年所属の教員であっても、「負担感」業務はきわめて多様です。

　もうひとつは、個々の「負担感業務」に着目することで、その教員が何で苦しんでいるのかを相互に理解することができます。一見、意欲的に取り組んでいるように見えても、相当心理的に負担を感じている業務等が浮かび上がります。

　「働きがい改革」業務改善研修は、同僚相互の信頼関係を高める可能性を持ちます。しかし、研修過程において自己開示が求められるため、一定の信頼関係を基盤とした研修実践となります。また、全体共有で出てきた意見を集約し、優先順位をつけ、実行に移す校長に対する信頼が、研修の基盤を形成します。

　本研修の実施には、確かに、同僚相互の一定の信頼関係が必要です。しかし、信頼関係が築きにくい、団体を代表しての主張が強い教員がいる場合でも、「働きがい改革」の議論にはそれほどの影響はありません。負担感業務の改善に対して率直で有意義な意見が出される可能性もあります。アプローチは異なれども、教員のウェルビーイングの実現という目標は、全教員共通なのですから。

3 「働きがい改革」業務改善研修の具体的方法および 実施上の留意点

(1) ワークショップ型校内研修の準備

　校内全職員約40名対象程度を想定して、研修ファシリテーターが 1名いると仮定し、以下、基本的な準備について述べます。

①研修教室は、1班4名程度で対話できる可動式の机・椅子を備えた 研修室が望ましい。

②班編制は、ランダムよりも、学年や分掌単位の日常的な対面交流頻 度の高い集団別が理想である（自己開示を求めるため）。

③研修時間は、対話重視のワークショップスタイルであるため、60 分から90分程度が理想的である。

④全体共有用の大型モニターを配置するとともに、参加者は各自タブ レットPCを持参。Google Jamboard等のオンラインデジタルイン タラクティブ・ホワイトボードの背景に前掲**図6-1**を配置した業 務分析デジタルワークシート（以下、業務分析シート）を設定する。 業務分析シートは参加者個々で作成する。

⑤進行は、たとえば90分計画の場合は、導入・説明（15分）、業務 分析シート作成（15分）、班内協議1（15分）、業務分析シートの 自己分析（10分）、班内協議2（15分）、全体協議（15分）、総括 （5分）等となる。詳細は後述する。最後の総括（校長担当）はき わめて重要であり、協議を受けて今後の業務改善の見通しを述べる ことが期待される。

⑥研修資料は、下記のURLよりダウンロード可能である。

https://view-next.benesse.jp/view/web-hs/article17052/

進行	時間配分	内容
1. 導入・説明	講義15分	研修の目的・意義、研修の流れ、Jamboard等の使用方法、業務分析シートの作成方法について説明します。
2. 業務分析シートの作成	演習15分	①自分の業務内容を、例を参考として、10〜20枚程度付箋に書きます。 ②業務分析シートに、付箋を貼ります。働きがい・負担感・手抜き・焦りの4領域から選択し、各セル内1〜4で重み付けします。
3. 業務分析シートの共有	協議15分	学年・分掌等のグループで、各自の業務分析シートを共有し、グループ内で説明・対話します。
4. 業務分析シートの自己分析	演習10分	①各領域業務の付箋の共通点を探索します。 ②特に負担感業務の共通点を整理し、リフレーミングを行います。 ③特に負担感業務の改善方策について検討します。
5. 分析結果の共有	協議15分	分析結果①〜③をグループ内で発表し、特に改善策について助言し合います。
6. 全体協議	協議15分	各グループから重要な知見・提言を発表します。
7. 総括	講義5分	校長が総括し、今後の方針を示します。

図6-4 「働きがい改革」業務改善研修の進め方例

(2) 「働きがい改革」業務改善研修の進め方

「働き方改革」業務改善研修の進め方は、**図6-4**に示すとおりです。これは、90分モデルの一例であり、研修目的・参加者数・時間枠によって、柔軟に変更することができます。

1 導入・説明（講義15分）

研修の目的・意義、研修の流れ、Jamboard等の使用方法、業務分析シートの作成方法について説明します。

2 業務分析シートの作成（演習15分）

最初に、当該年度に、各教職員が担当している（担当予定の）業務を10〜20枚程度付箋に書き出します。教員勤務実態調査にある業務や**表6-1**の業務等を参考例として示すと、作業はかなりはかどります。

次に、縦軸に「実践できている」「実践できていない」、横軸に「取り組みたい」「取り組みたくない」とする業務分析シート【前掲**図**

6-1】に付箋を貼ります。業務分析シートは、取り組みたいと思っており、なおかつ実践できている「働きがい」を感じる業務（第1象限）、取り組みたくないが実践せざるを得ない「負担感」のある業務（第2象限）、取り組みたいと思わず、実践もしていない「手抜き」可能業務（第3象限）、取り組みたいと思っているが、実践できていない「焦り」を感じている業務（第4象限）に類型化されています。

　また、各領域は、9マスに細分化されていて、2軸要素の程度を加味して付箋を貼付します。たとえば、「働きがい」領域において、「1」は1マス配置されており、取組意欲と実践状況が最も高位の業務を配置します。「1」の周辺を取り巻く「2」は3マス配置されており、「1」よりも若干水準が中心化する業務を配置します。「3」は2マス配置されており、2軸のいずれかに偏った業務を配置します。「4」は3マス配置されており、中心に近い業務を配置します。

3　グループでの業務分析シートの共有（協議15分）

　学年・分掌等のグループで、各自の業務分析シートを共有します（協議1）。Jamboard等を使用することで、同僚のシートを見ながら説明を聞くことができます。時間がある場合は、4領域すべてを説明し、短時間研修の場合は負担感等の重要なものに限定します。

　各教職員が、どのような業務に「働きがい」や「負担感」を感じているのかを共有し、相互理解を深めることができます。同一学年・分掌に所属する教職員間であっても、業務分析シートの付箋配置（特に負担感業務）はきわめて多様であること気づきます。

4　業務分析シートの自己分析（演習10分）

　業務分析シートの内容に基づき、各領域に貼付した業務の布置傾向を分析・検討します。

　検討の視点は、①各領域の共通点の探索、②負担感業務のリフレーミング、③各領域の業務（特に負担感業務）の改善策の提案です。以下、**図6-5**に示すある教諭（小学校）の業務分析シートを事例として、

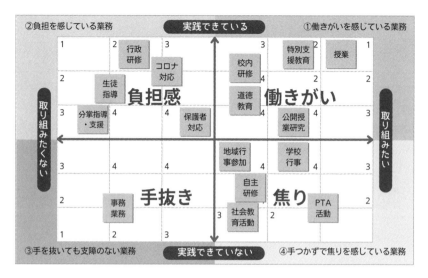

図6-5　ある教諭の業務分析シート

自己分析の方法を説明します。

①各領域の共通点を見つける

　各領域の共通点を探索することで、自分がどのような業務に働きが
いを感じやすく、また、どのような業務に負担感や焦りを感じやすい
のかを特定することができます。また、この特性理解を利用した傾向
と対策が可能となります。

　たとえば、**図6-5**のケースでは、「働きがい」領域には、「授業」
「特別支援教育」「校内研修」「道徳教育」「公開授業研究」が配置され
ており、この教員の働きがいのポイントは、子供と関わる業務、創造
性と専門性を生かせる研究推進業務にあると解釈できます。

　また、「負担感」ゾーンには、「行政研修」「生徒指導」「コロナ対
応」「分掌指導・支援」「保護者対応」が配置されており、この教員の
負担感のポイントは、やらされ感の高い管理業務やスケジュールに割
り込む突発的業務にあると解釈できます。主体性や自己統制感が低調
な業務が集中しています。

さらに、「焦り」ゾーンには、「PTA活動」「社会教育活動」「自主研修」「学校行事」「地域行事参加」が配置されており、この教員の焦りのポイントが、特に保護者・地域連携等の対外業務にあると解釈できます。重要な役割である一方で十分な時間がとれず、手が回っていないことが焦りの原因と推察されます。

　このような業務分析シートを用いた共通点探索を通して、自己の全体的な業務遂行状況の確認だけでなく、自分が負担感や焦りを感じる業務の特性（認知のクセ）を自己認識することができ、コーピングへの応用が期待できます。

②負担感業務を改めて見直す

　負担感業務のリフレーミングを行うことで、それらの業務の意味・意義・価値の再検討を行い、これまで見えていなかった業務の意味（何のためにするのか）・意義（なぜその業務が存在しているのか）・価値（どのように役立っているのか）が見えてきます。再検討を行うことで、付箋の位置が若干変化する可能性があります。

　4領域のなかで、教員のウェルビーイングを最も毀損するのは負担感領域の業務です。負担感業務には、その業務の意味・意義・価値が見えにくく、これらの実感が困難なものが多いです。

　たとえば、「行政研修」では職階別研修等もあり、リーダー層教員として必要な知識・技能を得ることができます。この研修がない場合の自己に降りかかるリスクを想定すると、付箋が負担感ゾーンから多少右側（あるいは右下）へ移動するでしょう。「生徒指導」や「保護者対応」は、それぞれ困難な児童生徒と保護者を対象としたものであるため、心理的・時間的な負担が大きいですが、自己の関与で児童生徒・保護者が救われているという見方もできるでしょう。「分掌指導・支援」は、後輩の職能成長に貢献する面も大きいです。人材育成業務として捉えれば、その価値はきわめて大きいものとなります。

　研修ファシリテーターの教員は、負担感を持ちやすい業務の特徴を

理解しておくとよいでしょう。これまでの業務分析研修において負担感業務に布置されやすい業務は、以下の4点に集約できます。

ⓐ何のために実施するのか、なぜ自分が行うのか、本務からの距離を感じる「目的性の欠如」。

ⓑいつ終わるのか、めどが立たない「限定性の欠如」。

ⓒやらされ感にあふれ、自分の提案や改善の余地がない「主体性の欠如」。

ⓓ保護者や同僚などのなかで、苦手な人と関わらなければならない「関係性の欠如」。

③業務の改善策を提案する

　業務の改善策の提案を、共通点の探索（認知特性の自己理解）とリフレーミング（自己理解の修正）の後に実施します。改善の対象は「働きがい」領域を除く3領域の斜線部分です（前掲**図6-3**）。「働きがい」を残して業務改善を進めることの重要性が、このワークを通して確認できます。

　「手抜き」領域の斜線部分にある業務は、不要業務に近く、廃止に向けた検討を進めるとよいでしょう。ストレッサーでなければ、放置することも可能です。

　「焦り」領域の斜線部分にある業務は、実践できていないことによるリスクを検討しておく必要があります。十分に実践できていないことでネガティブなイベントが発生しているのであれば、優先順位をあげての対処が必要です。しかし、ネガティブなイベントが発生していない場合は、別の領域の業務改善を通して時間を創出した後に着手することも考えられます。

　「負担感」領域の斜線部分にある業務は、その業務が得意な教員と不得意な教員で業務の割り振りを替えたり、チームで対応したりすることなどが考えられます。

　また、教員の役割としての妥当性の議論も出るでしょう。さらに、

管理職や教育委員会が引き受けるべきとの意見も出るでしょう。一つひとつの課題のある業務について教員が話し合いながら改善策を考えていきます。このように業務改善に対しての主体的関与の時間をしっかりとることで、教員の意識改革というものは生まれるのではないでしょうか（「帰れ帰れ」では生まれません）。

　研修ファシリテーターの教員は、業務改善・精選の際に、「信頼毀損」のリスクが発生する可能性に留意が必要です。たとえば、保護者の学校参加に関する業務等は、改善・精選の対象となりやすいですが、信頼の維持向上の視点を持ったうえで対処しないと、学校を取り巻く信頼関係の毀損につながりかねません。同僚との対話機会を劇的に減少させるような業務改善についても同様です。信頼は学校の存立基盤であり、学校は信頼を基盤として、人を育てる場所です。業務改善の推進においては、信頼毀損リスクが低いICT活用をはじめとして、集金業務や資料印刷等、外部人材との協働に先に着手しましょう。

　また、研修ファシリテーターの教員は、職場の教員が、一人ひとりに合った働き方を創り込んでいくことの意義に留意すべきです。本研修を通して、職場の教員は、ウェルビーイング水準（ワーク・エンゲイジメント、主観的幸福感、抑鬱傾向）が教員個々で相当異なること、負担感や働きがいを実感している業務が個人間で多様であること、働き方を改革する必要性の高い教員がいる一方で、その必要性がほとんどない教員もいることに気づくでしょう。

　そして、学校管理職は、教員一人ひとりと対話し、適材適所の人員配置や適切な役割分担を考えて、オーダーメイドの働き方を創りあげていくことが求められます。教育委員会には、基準を設定して学校を「管理」する主体となるのではなく、学校側の要望を確認し「支援」する主体であることが求められます。

5　グループでの業務分析結果の共有（協議15分）

　各自の業務分析結果（共通点・リフレーミング・改善策）を、協議

1と同じ班内で共有します（協議2）。グループ内での対話を通して、個人では気づくことができなかった共通点の視点、業務の意味・意義・価値を、同僚教員の助言から得ることができます。

　また、負担感業務に対しては、過去にその業務をうまくこなした経験を有する同僚から効果的な助言を得られる可能性もあります。ワークシートには様々な情報が追記され、相互理解の深化と共に、学年・分掌内での業務改善の方向性が浮かび上がります。

6　全体協議（協議15分）

　各グループ協議のなかで、全体で共有しておく必要のある重要な知見が創出されている可能性があります。重要度の高い知見を共有する場を設定することの価値は大きいです。各グループ代表からの発言に対する的確なフィードバック、各発言の集約および知識としての整理が、ファシリテーターには求められます。サプライズ発言が飛び出すこともあり、ファシリテーターの調整力が試されます。

7　総括（講義5分）

　最後は、責任者である校長が、研修を総括して今後の方針を示します。対話して終わりではなく、本研修をもとに、次のステージに進むような印象が持てると、研修の達成感も高まります。研修は負担感業務ではなく、働きがい業務として認知されるものであり、高度専門職としての教員の職能成長の原動力です。

⑶　フォローアップ・ミニ研修の実践

　「働きがい改革」をテーマとする全体集合型校内研修実践の後には、問題を解決するためのフォローアップ・ミニ研修の実施が望ましいです。玉井（2020）では、教員の負担感が強い業務を集合型の業務改善研修（教員悶絶業務ダイヤモンド・ランキング研修）によって洗い出し、そこで抽出された3業務、すなわち、①成績処理、②生徒指導、③報告書作成を対象とする、有志による自主参加型ミニワークショッ

プ研修を実施しています。

研修概要は以下のとおりです。この研修は、自主参加を基本とし、放課後20分程度の座談会形式とし、当該業務に長けている教員が講師を務めます。

成績処理は、特に若年層教員が負担を覚えやすく、慣れていないと相当の時間を要することとなります。この問題については、ベテラン学年主任が講師として、補助簿の付け方や通信簿の書き方について自己が蓄積してきたノウハウを提供しました。

生徒指導では、生徒指導主事が、関係機関との連携、校区の特徴理解、保護者対応・電話対応のポイントについて講話しました。

報告書作成は、事務長が講師を務め、不適切なレポートの例を示し、そのレポートの修正点を見つけ出す実践的な研修を実施し、最後に適切な報告書の書き方についてのアドバイスを得ました。不適切な業務の手抜きが、次の工程を担当する職員の負担の源泉となっていることが理解できました。

なお、玉井（2020）では、「働きやすさ改革」にも着手しており、職員室環境デザイン、文書・物品棚管理、スクール・サポート・スタッフの活用マネジメント、会議のペーパーレス化、学年主任会議による学年間調整機会の設定等を実践しています。

こうした「働きがい」と「働きやすさ」の両面からの組織開発＝研修実践（全体集合型校内研修＋ミニ研修）が実施できたのは、マネジメントスキルが高いリーダー層教員を、教頭業務を補佐する業務改善推進主任（担外）として配置しているためです。

⑷ 「働きがい」の促進要因とは何か？

「働きがい改革」業務改善研修のねらいは、ワーク・エンゲイジメントの向上にあります。ワーク・エンゲイジメントの離職意図との有意な連動性がメタ分析（Mazzetti et al. 2021）において確認されて

おり、ワーク・エンゲイジメントは離職率の高い若手教員にとっては
いっそう重要な指標なのです。

　ワーク・エンゲイジメントの規定要因としては、以下の変数が特定
されています（Mazzetti et al. 2021）。

　第1は、同僚や上司等の周囲の関係者からの支援です。周囲から孤
立している状態、あるいは精神的な攻撃を受けているような状況下で
は、働きがいは高まりにくくなります。

　第2は、職務の明確性・非常軌性・統制感等です。自己の職責の範
囲が曖昧な状態（自己の行為と結果の関係が理解困難な状態）、ルー
ティンワークが多い状態、他律的なやらされ職務が多い場合等は、働
きがいは高まりにくくなります。

　第3は、組織的要因です。人事評価等で正しく評価されていないと
感じる場合、職務遂行に対してフィードバックが提供されない場合、
職能成長に必要な学習機会が確保されていない場合、働きがいは高ま
りにくくなります。

　最後は、心理資本の蓄積です。自己効力感・楽観性・レジリエンス
を持ち、希望に満ちて前向きに職務が遂行できている場合、働きがい
は高まります。しかし、職務遂行に自信が持てず、現象の悲観的な解
釈傾向が強く、再起性が弱く立ち直りが遅く、未来に希望を持てずに
後ろ向きの発言・行動が多い場合、働きがいは高まりにくくなります。
これまでに蓄積されてきた科学的根拠に基づくと、ワーク・エンゲイ
ジメントが低下し、不本意な離職に至る教員には、下線部のような現
象が生じていると予測されます。

　「働きがい改革」業務改善研修（事後のミニ研修を含めて）では、
下記の可能性が高まると考えられます。
①同僚・上司の支援関係および信頼関係を醸成する契機となる可能性
　がある。
②業務分析シートによって自己の職務を分析することで、自己を苦し

めている職務特性（統制感の欠如、常軌性、やらされ感）が理解でき、傾向と対策を検討することができる。

③研修を通して、また、その後の同僚相互の対話を通してフィードバックの量と質が変化する可能性があり、ミニ研修を通して困難な業務に関しての学習機会が拡張される。

④業務改善を通して、ノウハウを理解した職務への自信が高まり、同僚支援体制の醸成を通して再起性が高まり、未来に希望を持って職務遂行に取り組む。

　「働きがい改革」業務改善研修は、ワーク・エンゲイジメント研究の成果をふまえた校内研修＝組織開発の手法であるといえるでしょう。

⑸　「働きがい改革」業務改善研修の限界と課題

　本章において紹介した「働きがい改革」業務改善研修は、魅力ある職場を創るための組織開発の一例に過ぎません。今後は、管理（遵守・廃止・削減に傾斜した）目線での働き方改革ではなく、教員の主体性を生かした組織開発視点での働き方改革実践が蓄積されることを期待したいと思います。そのためには、学校組織において業務改善の機能を担う担当教員（ex.業務改善推進主任等）の配置が重要であると考えられます。

　また、本章で紹介した「働きがい改革」業務改善研修は、成果の検証が十分ではありません。玉井（2020）では、「働きがいと」「働きやすさ」の両面からの、教員の主体性を生かした業務改善実践を実施したところ、前年度比で幸福度が約10％上昇、抑鬱度が約18％低下、在校等時間も15分程度減少しています。こうした変容は、業務改善研修を実施していない他校（統制群2校）では認められていません。しかし、本章で紹介した研修は、玉井（2020）の実践とは異なるものであり、独自の成果検証が必要です。

第7章

若手教員のウェルビーイング
の高低の要因

7 章では、若手教員の教職就任後のウェルビーイングの変化を、
月間隔で、定量的・定性的データを用いて説明します。若手教員のウ
ェルビーイングの上昇／下降の規定要因の解明を通して、若手教員が
「働きやすさ」と「働きがい」を両立できる環境を形成するための示
唆を得ます。

1 若手教員のウェルビーイングの主たる規定要因は？

第3章の調査結果では、特に20歳代の若手教員のウェルビーイン
グ水準が低調である実態が確認されました。教職への道を決断する学
部生・大学院生にとって、身近な存在である若手教員の勤務状況は、
ベテラン以上に重要なインパクトを与えます。地方の大学では、20
歳代の若手教員の就労環境は、学生にすぐに伝わります。

若手教員が働きやすさと働きがいを実感できる状況を整備しておか
ないと、教職希望者はさらに減少する可能性があります。そこで、本
章では、対象を若手教員に絞って、教員のウェルビーイングの規定要
因についての探索を試みます。

》 多様な教員のウェルビーイングの規定要因

教員のウェルビーイングの規定要因は、きわめて多様です。
Hascher & Waber（2021）の系統的レビューでは、教員のウェルビ
ーイング（多様な定義と測定方法を包括）に対する教員年齢と教職経
験年数の影響を確認しています。教員の年齢については、影響なし
（6件）、高いとポジティブ（5件）、高いとネガティブ（3件）であり、
年齢が高いほどウェルビーイングが高く、年齢が低いほどウェルビー
イングが低いと結論づけた研究は約36%（5／14件）に過ぎません。

同様に、教職経験年数を分析した研究についても、影響なし（6件）、

長いとポジティブ（3件）、長いとネガティブ（3件）、若手とベテラン共に影響あり（2件）の結果が示されており、教職経験が長い教員のウェルビーイングが高く、短い教員のウェルビーイングが低いと結論づけた研究は約36％（5／14件）にとどまります。世界的に見ると、若年層であることや教職経験年数の短さは、必ずしもウェルビーイング水準の低下につながるわけではなさそうです。

》 初任者教員の離職予防

　ただし、日本（A県も同様）では、ここ数年、初任者教員の離職者が増加傾向にあり、教育関係者間での重要関心事となっています。若手教員のなかでも初任者教員がクローズアップされるのは、初任者教員の離職についてのみデータが整理されているからです（文部科学省「公立学校教職員の人事行政状況調査について」）。

　教員不足の今日、初任者の年度内離職（休職等を含めて）は、学校に対して重大なネガティブインパクトを与えます。初任者教員を対象とする調査研究では、ウェルビーイングやワーク・エンゲイジメント視点の研究ではなく、伝統的にストレスやバーンアウト等のネガティブ現象や教職への適応に着目した研究が進められてきました（以下、露口 2020b を参照）。

　初任者教員の離職予防＝教職適応のためには、同僚教員や管理職からの支援が重要です。たとえば、佐々木他（2010）では、初任者教員のモチベーション低下（クライシス）を乗り越える要因として、モデルとなる教員の存在や管理職との関係を指摘しています。

　また、安藤（2009）は、初任者教員が様々なトラブルに悩んでいる実態を記述するとともに、彼（女）らが、周囲への相談によって課題に対応している姿を描き出しています。

　さらに、大前（2015）は、初任者教員の大半は児童生徒の指導がうまくいかず、保護者からの苦情を受けて落ち込む一方で、同僚や管

理職の支えによってなんとか持ちこたえている初任者教員の姿を明らかにしています。

　初任者教員は、児童生徒や保護者との信頼関係は不十分ですが、信頼の欠落を同僚教員や管理職との信頼関係によって埋めることで、教職適応を果たしているものと解釈できます。露口（2020b）の１－２年目教員を対象とした調査研究においては、若手教員の仕事にかかる抑鬱傾向とワーク・エンゲイジメントに対しては、児童生徒・保護者との信頼関係よりも、同僚・管理職との信頼関係の方がより影響力が強いことが確認されています。

　また、露口・増田（2016）は、人事心理学のキャリア適合理論（career fit theory）を用いることで、初任者教員の教職適応の原因にアプローチしています。この研究は、初任者教員の属性や大学の教育課程経験等の多様な変数をコントロールしたうえで、初任者教員のキャリア適合（職務適合・職場適合・職業適合・職能適合）に影響を及ぼす変数の探索を試みています。分析の結果、それぞれの適合次元ごとに、決定要因は多様であることが明らかにされています。

　心理的ストレス反応と最も関連性が強いのは、予想どおり「職場適合」でした。特に留意すべきは、働きやすい職場を理想とする初任者教員は職場不適合を起こしやすく、現実的に同僚との信頼関係がある初任者教員は職場適合が促進される点にあります。

　同様に、波多江他（2016）は、初任者教員を対象とするパネルデータ（教職１年目－２年目）を用いて、仕事を相談する同僚の存在が情緒的消耗感を抑止し、管理職への相談しやすさが達成感の後退を抑止するという結果を得ています。また、Kelly & Northrop（2015）では、学校における若年層教員への同僚支援が、職務不満足とバーンアウトの抑止要因であることを明らかにしています。若年層教員においても職場での対人関係が、教職適応に対して重要な影響を及ぼしています。

》 若年教員の職能成長

　このほか、若年層教員の職能適合（授業スキルの獲得）や職業適合（教育の専門家としての使命感形成）に関する研究も、複数報告されています。たとえば、Helms-Lorenz et al.（2016）では、1年目にワーク・ライフ・バランを重視して職務負担を減らしていた学校の初任者教員は、3年目に授業スキル（生徒認知による測定）がそれほど伸びていない実態を明らかにしています。逆に、1年目に学級観察とコーチング体制が整った学校の初任者教員は、3年目に授業スキルが向上していることも検証されています。

　若年層教員を対象とする実践の公開や省察的対話の重要性は、De Neve & Devos（2016）や Anthony et al.（2019）においても明らかにされています。若年層教員のキャリア適合のためには、初任者教員を教育の専門家として育て、専門職の学習共同体に適応させる視点が重要であり、校長・副校長・教頭・教員リーダー・メンター教員らの影響力の総量、すなわち、分散型リーダーシップ（distributed leadership）による指導体制構築の重要性が指摘されています。

　初任者教員（および若手教員）のウェルビーイングの実現のためには、教員を取り巻く豊かな「信頼関係（特に同僚と管理職）」のなかで、「職能成長」を図ることの重要性が示唆されます。Hascher & Waber（2021）の系統的レビューにおいても、「信頼関係要因」として、同僚との信頼・支援関係、校長の支援、支持的風土、集団的効力感、職能開発支援等は、教員のウェルビーイングに対して正の効果を持つことが確認されています。また、「職能成長要因」として、自己効力感、コミットメント、エンゲイジメント、専門性の向上、挑戦的な仕事への取組等は、教員のウェルビーイングに対して正の効果を持つことが確認されています。

≫ 若手教員の「働きやすさ」と「働きがい」の両立を目指す

　これらの先行研究における分析は、ある特定の時季に収集したデータを対象とした、変数間の相関性に着目したものです。教職就任以降のウェルビーイングの変化を読み取ることは困難です。そこで、教職就任以降、教職経験を蓄積するなかで、ウェルビーイングがどの時季にどのタイミングで上昇／下降しているのかを捕捉することで、若手教員の業務改善のための重要なヒントを得ることができると考えられます。

　また、先行研究では、ほぼすべての調査が年度に1回であるため、年度間の変化は記述できたとしても、時季（たとえば月ごと）の変化は記述できていません。教員の働き方には季節性があります。たとえば、4月・8月・11月で同じような働き方をしているとは考えにくく、この点については、令和4年度の教員勤務実態調査（文部科学省2023）においても確認されているところです。

　さらに、先行研究では、定量的データと定性的データのいずれかのデータを使用しており、質量両面からの記述には至っていません。定量的データでは、ある年度（月）にウェルビーイング指標が向上したとする実態が数値で記述されます。しかし、定性的データを欠く場合、その原因となる具体的イベントが捕捉できません。また、定性的データのみの場合は、そのイベントの生起によってウェルビーイング指標がどの程度上昇／下降しているのかを表現できません。

　以上の方法上の課題意識から、本章では、以下の方法を用いて、若手教員の教職就任後のウェルビーイング変化を、月間隔で、定量的・定性的データを用いて説明します。若手教員のウェルビーイングの上昇／下降の規定要因の解明を通して、若手教員が働きやすさと働きがいを両立できる環境を形成するための示唆を得ることを目的としています。

2 調査方法

⑴ 調査対象と手続

　調査対象は、A県B市の2018年度初任者教員として、B市において初任者研修を受講した63名の小・中学校教諭（養護教諭を含む）です。就任以後の5月より毎月月末にWEBアンケート調査を実施しました。毎月20日頃に依頼し、月末を回答期限としました。

　調査はB市教育センターと筆者（および現職大学院生）との若手教員フォローアップ事業の共同調査です。回答者からの自由記述に対して現職大学院生がコメントをフィードバックする双方向型の調査スタイルを採用しています。調査結果は、教育センターの研修会や研究発表大会の機会に、定期的に回答者に対してフィードバックしています。また、分析においては、本事業のデータから個人情報を削除した二次データを利用しています。

　調査の実施にあたり、毎年度はじめに本人と所属校の校長の許可を得ています。調査への参加は自由である旨、本人に通知されています。調査時期は2018年4月〜2022年3月で、2018年4月・6月、2020年4月の3回は調査が実施できていないため、計45回の調査です。

⑵ データと回答者属性

　分析データは、63名の教諭の45回の回答データです。なお、回答者の2018年度時点の属性は以下のとおりです。
●性別
　男性教諭30人（47.6%）／女性教諭33人（52.4%）
●年齢
　25歳未満33人（52.4%）／25-29歳18人（28.6%）
　30-34歳6人（9.5%）／35-39歳5人（7.9%）

40 歳以上 1 人（1.6%）

●学校種

　小学校 41 人（65.1%）／中学校 22 人（34.9%）

●講師経験年数

　0 年 23 人（36.5%）／ 1-3 年 25 人（39.7%）

　4-9 年 13 人（20.6%）／ 10 年以上 2 人（3.2%）

●学歴

　大卒 47 人（74.6%）／大学院修士課程 5 人（7.9%）

　教職大学院 9 人（14.3%）

●学校規模

　6 学級以下 1 人（1.6%）／ 7-12 学級 7 人（11.1%）

　13-18 学級 21 人（33.3%）／ 19-24 学級 22 人（34.9%）

　25-30 学級 10 人（15.9%）／ 31 学級以上 2 人（3.2%）

●異動経験

　2019 年度 5 人／ 2020 年度 31 人／ 2021 年度 27 人

また、各年度の回答者の脱落状況は**表 7-1** のとおりです。

表 7-1　回答者の脱落状況

	2018	2019	2020	2021
退職	0	1	1	2
休職	0	0	1(1)	1(1)
産休	0	0	2(2)	4(4)
調査離脱	0	0	2(1)	1(1)
参加者合計	63(33)	62(33)	56(29)	48(23)

※カッコ内は女性教諭で内数。2021 年度に産休後調査復帰 1 人。

⑶ 変数

【ウェルビーイング】

第2章と同様、ワーク・エンゲイジメント（9項目）、抑鬱傾向（6項目）、主観的幸福感（1項目）を使用します。

【在校等時間推計】

1日の平均的な時間外勤務時間を30分単位区分の13件法で測定しました。選択肢は、⑴0分、⑵30分未満、⑶30分超～1時間未満、⑷1時間超～1時間30分未満、⑸1時間30分超～2時間未満、⑹2時間超～2時間30分未満、⑺2時間30分超～3時間未満、⑻3時間超～3時間30分未満、⑼3時間30分超～4時間未満、⑽4時間超～4時間30分未満、⑾4時間30分超～5時間未満、⑿5時間超～5時間30分未満、⒀5時間30分以上です。月あたりの在校等時間の推計値の算出においては、1日あたりの在校等時間を22倍しました。計算式は、{(X*30-30)/60}*22、です。土日の勤務を考慮していないため、実際はこれよりも高い数値となります。

【信頼関係】

第4章と同様、児童生徒、保護者、同僚、管理職との信頼関係の程度について回答を求めました。尺度は「極めて脆弱（0点）」から「極めて強力（10点）」までの11件法を採用しました。

3 教員のウェルビーイングの時系列分析

⑴ 教職就任後における若手教員のウェルビーイングと在校等時間の変化

最初に、2018年4月の教職就任後の教員のウェルビーイング指標（ワーク・エンゲイジメント、抑鬱傾向、主観的幸福感）と在校等時間の4年間の推移について記述します。

ワーク・エンゲイジメント、抑鬱傾向、主観的幸福感、在校等時間の推移

図7-1 は、2018年度B市初任者教員の4年間のワーク・エンゲイジメント得点（範囲0 〜 54点）の推移です。グラフのなかで、丸いマーカーは平均値、エラーバーは95%信頼区間を示しています。

初任者教員として赴任した直後にワーク・エンゲイジメントの平均得点は最大値をとっています。その後、キャリアの蓄積と共にゆるやかに低下する傾向が認められています。2020年4月頃には、新型感染症ウイルス拡大の影響で一斉休業を経験していますが、この影響はワーク・エンゲイジメントをはじめとするすべての指標において軽微です。

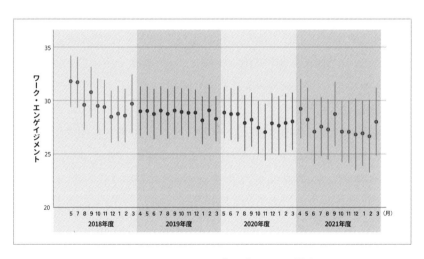

図 7-1　ワーク・エンゲイジメントの推移

図7-2 は、4年間の抑鬱傾向の推移です。年度当初から8月にかけて抑鬱傾向は相対的に低位（6月がやや高い）ですが、9月から12月頃までは上昇傾向を示し、1月以降は横這いまたは下降傾向となる軌跡が示されています。若手教員の場合、メンタルヘルスが悪化しやすい月が、6月、9 〜 12月であることがわかります。

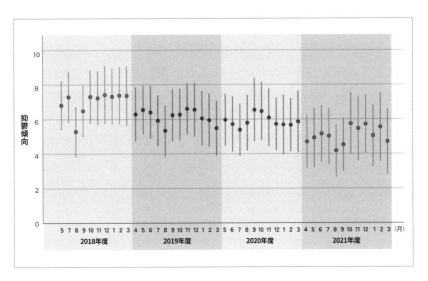

図7-2　抑鬱傾向の推移

　図7-3は、4年間の主観的幸福感の推移です。毎年度、8月になると、主観的幸福感の平均スコアが急上昇しています。2020年度は8月のスコア上昇が鈍いですが、これは8月にかなりの日数の補習を行

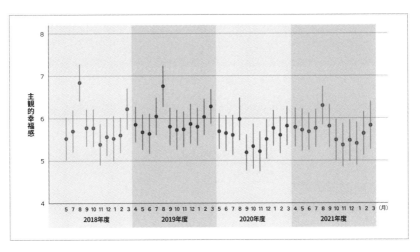

図7-3　主観的幸福感の推移

い、十分な休養がとれなかったことが原因であると考えられます。

　同年8月における例年とは異なる勤務スタイルは、主観的幸福感が過去最低水準である同年9月〜11月の不調につながった可能性があります。また、毎年度、8月に続いて3月も主観的幸福感が高い月であることが確認できます。

　図7-4は、月あたりの在校等時間の推計値の推移です。毎年度、8月に在校等時間が激減する傾向が示されています。2020年3〜5月は、一斉休業の影響を受け、他の年度と比べて不規則となっています。

　教職経験を蓄積するなかで、在校等時間は徐々に減少傾向にあるといえます。ただし、この点については、新型感染症ウイルス拡大の影響を考慮する必要があります。

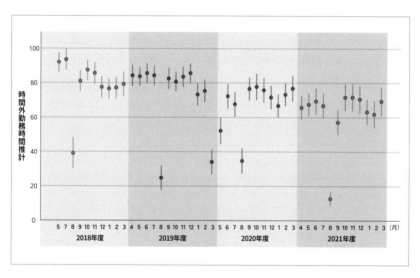

図7-4　在校等時間の推移

(2)　信頼関係の変化

　次に、4年間での教員を取り巻く信頼関係の様子を、児童生徒、保護者、同僚、管理職の4項目について記述します。

≫ 児童生徒、保護者、同僚、管理職との信頼関係の変化

図7-5 は、児童生徒信頼スコアの4年間の推移です。1年目は若干の年度内でのバラツキが認められますが、2年目以降は、年度当初が6点程度ではじまり年度末には7点程度に上昇する軌跡を示しています。

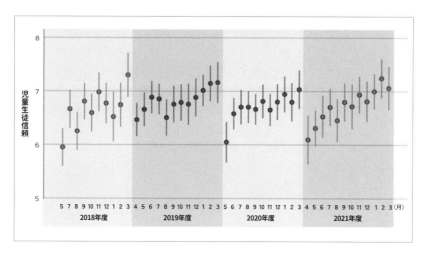

図7-5　児童生徒信頼の推移

図7-6 は、保護者信頼スコアの4年間の推移です。児童生徒信頼と同様、ほぼ毎年度同じような点数（5.5点程度）ではじまり、同じような点数（6.5点程度）に到達しています。スコアは児童生徒よりも毎月0.5点程度低いものの、分布は児童生徒と類似しています。児童生徒との信頼と保護者との信頼は、かなり強固な相関関係にあるといえます。

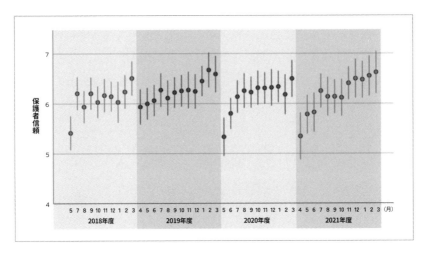

図 7-6　保護者信頼の推移

　図 7-7 は、同僚信頼スコアの 4 年間の推移です。児童生徒や保護者のように明確ではないものの、年度始めから年度終わりにかけての上昇傾向が認められます。異動者が多い 4 年目は、過去よりも低位からのスタートとなっています。

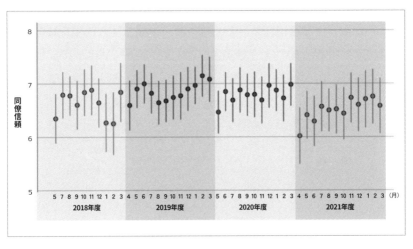

図 7-7　同僚信頼の推移

一方、異動者が少ない2年目は、同僚信頼スコアが1年目の3月から2年目の4月にかけてそれほど低下していません。

図7-8は、管理職信頼スコアの4年間の推移です。同僚信頼とほぼ類似の分布を示しています。異動者が少ない2年目は、4月の低下現象が認められていません。

信頼関係は、各年度ともに年度始めから年度終わりにかけて上昇する傾向が認められています。3月末でリセットされ、4月から新たに時間の経過と共に上昇する特性があります。年度間の分散は小さく、年度内の分散が大きい変数であることが確認されました。

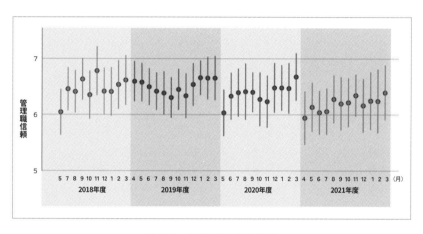

図7-8　管理職信頼の推移

(3)　季節因子の影響

≫　ウェルビーイングの季節による影響

教員のウェルビーイング、在校等時間、信頼関係は、年度間を通して一定というわけではなく、時季や月の影響を受けています。そこで、4年間の時系列データから、季節変動（12ヵ月）と不規則変動（新型感染症ウイルス拡大等）を除外した季節因子得点（乗法モデル）を求めました（表7-2、図7-9）。なお、データが欠損する月である4月・6月には、測定できている月の平均値を代入しています。

表7-2 ウェルビーイング指標の季節因子得点

	ワーク・エンゲイジメント	抑鬱傾向	主観的幸福感	在校等時間
4月	101.8	92.3	100.6	107.8
5月	101.4	99.1	99.0	103.8
6月	99.6	97.7	98.9	107.2
7月	100.6	91.9	100.8	103.5
8月	98.9	83.7	110.7	40.7
9月	100.6	99.7	97.8	106.3
10月	99.1	109.4	96.4	111.0
11月	99.4	106.5	93.2	110.4
12月	99.4	109.5	98.3	103.5
1月	97.9	102.0	97.7	97.6
2月	100.4	101.1	99.8	105.9
3月	101.1	107.1	106.9	102.2
度数	48	48	48	48
最小値	97.9	83.7	93.2	40.7
最大値	101.8	109.5	110.7	111.0
平均値	1.000	1.000	1.000	1.000
標準偏差	0.011	0.076	0.045	0.184

　ワーク・エンゲイジメントは、4月が最大値、1月が最小値です。変動幅は97.9% 〜 101.8% の3.9%であり、月ごとの変化は小さくなっています。4月の段階でワーク・エンゲイジメントが高いと、それが1年を通じて持続する傾向にあります。

　抑鬱傾向は、8月が最小値、12月が最大値です。10月〜12月、3月の得点が相対的に高いです。年度内の変動幅は83.7% 〜 109.5% の25.8%であり、ワーク・エンゲイジメントに比べると月の変動幅は大きくなっています。

　主観的幸福感は、8月が最大値、11月が最小値です。8月にピーク

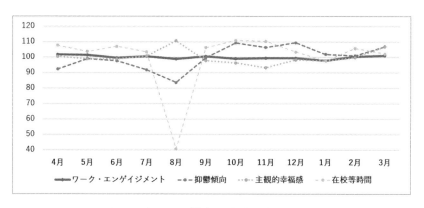

図 7-9　ウェルビーイング指標と在校等時間の季節因子得点

をつけ、11 月に底を打ち、3 月に向けてゆるやかに上昇する軌道をとっています。変動幅は 93.2% 〜 110.7% の 17.5% です。

　在校等時間は、10 月が最大値、8 月が最小値です。8 月が突出して短く、教員の勤務の特殊性が示されています。変動幅は 40.7% 〜 111.0% の 70.3% で、8 月の影響が顕著となっています。

　若手教員は、新たなスタートを切る 4 月にワーク・エンゲイジメントが最も高く、1 学期が終わる 8 月に在校等時間の激減、抑鬱傾向の低下、主観的幸福感の上昇を経験します。そして、10 月に長時間労働、11 月に主観的幸福感の低下、12 月に抑鬱傾向の上昇、そして 1 月にワーク・エンゲイジメント低下のピークを迎えます。2 学期に何が起きているのか。魔の 2 学期をどのように乗り越えるのか。教員のウェルビーイング向上のためには、こうした課題の解明が求められます。

　また、この調査結果は、調査デザインに対しても重要な示唆を提示しています。たとえば、ワーク・エンゲイジメントのように通年での変化が乏しい変数に対しては、調査時期がそれほど問われません。ただし、これ以外の指標では、たとえば、8 月と 11 月とでは、教員が置かれる職務環境が相当異なるため、結果の解釈において留意が必要となります。

また、年間2回実施する調査デザインをとる場合には、5月と1月（または2月）の設計が、教員の職務環境の影響を最も受けにくいといえます。7月と12月の場合は、ワーク・エンゲイジメントや主観的幸福感の差異は小さいですが、抑鬱傾向が異なっています。事前事後の調査デザインをとる場合、抑鬱傾向等のネガティブ心理の指標は、事後調査での成果の確認が困難となるおそれがあります。

》 信頼関係の季節による影響

次に、信頼関係指標の季節因子得点について、ウェルビーイングお

表7-3　信頼関係指標の季節因子得点

	児童生徒信頼	保護者信頼	同僚信頼	管理職信頼
4月	96.0	91.8	92.9	97.4
5月	95.1	95.0	97.5	97.8
6月	98.1	95.5	100.9	98.8
7月	100.7	101.8	100.3	99.0
8月	96.9	100.3	99.4	100.3
9月	99.3	99.8	99.7	99.7
10月	100.0	100.2	99.9	98.8
11月	100.3	102.0	99.5	98.2
12月	101.4	101.4	101.7	101.5
1月	103.8	103.7	102.8	102.3
2月	102.2	102.1	101.0	102.6
3月	106.1	106.3	104.4	103.5
度数	48	48	48	48
最小値	95.1	91.8	92.9	97.4
最大値	106.1	106.3	104.4	103.5
平均値	1.000	1.000	1.000	1.000
標準偏差	0.031	0.039	0.028	0.020

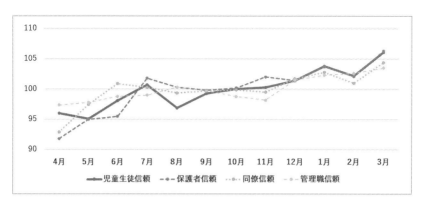

図 7-10 信頼関係指標の季節因子得点

よび在校等時間と同様の方法で確認しました（**表 7-3**、**図 7-10**）。

　信頼関係指標については、いずれも 4 月（児童生徒信頼は 5 月）に最小値をとり、3 月に最大値をとる右肩上がりの分布を示しています。ウェルビーイング指標のように月の影響はそれほど受けておらず、毎月時間の経過と共に直線的に蓄積される傾向が示されています。変動幅については、児童生徒信頼が 95.1% ～ 106.1% の 11.0%、保護者信頼が 91.8% ～ 106.3% の 14.5%、同僚信頼が 92.9% ～ 104.4% の 11.5%、管理職信頼が 97.4% ～ 103.5% の 6.1% です。

　信頼関係が時間の経過と共に年度内で上昇傾向を示す結果は、若手教員に対して希望を与えるものです。また、信頼関係を測定する場合には、年度始めよりも年度終わり頃の方が、スコアが相対的に高い傾向にあることを考慮しておく必要があります。

4 教員のウェルビーイングのイベント分析

　次に、若手教員のウェルビーイングと在校等時間が上昇／下降したときに発生しているイベントを明らかにするために、6 名の教諭の 4 年間の個別データ（自由記述を含む）を用いた分析・考察を行います。

また、そこで析出されたイベントが、他の若手教員にどのような形で発生しているのかを、調査参加者の自由記述データを用い、あわせて分析します。

　前節の時系列分析では、たとえば、若手教員が秋頃に抑鬱傾向が高まりやすいことがわかりましたが、なぜ高まるのか、その理由は不明です。本節では、前節で示された数値的な変動の具体的な原因の解明に踏み込みます。

⑴　ウェルビーイング水準が高い教員の特徴

　図7-11は、A教諭の4年間のウェルビーイング指標の推移です。グラフの見方は下記のとおりです。

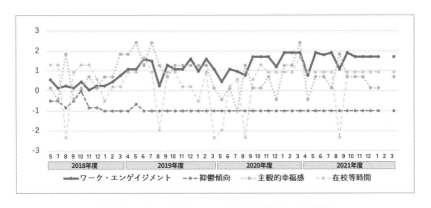

図7-11　ウェルビーイング指標の推移（A教諭）

　4変数の変化を比較可能にするために、標準化スコアを使用しています。素点は以下のとおりです（M：平均値、SD：標準偏差）。

●ワーク・エンゲイジメント：M = 28.60、SD = 9.64、範囲 0-54

●抑鬱傾向：M = 6.03、SD = 6.03、範囲 0-24

●主観的幸福感：M = 5.76、SD = 1.76、範囲 0-10

●在校等時間推計：M = 70.7、SD = 19.3、範囲 0-132

　ワーク・エンゲイジメントは、Y軸 = 0で28.60点、Y軸 = 1で

38.24点、Y軸＝－1で18.96点となります。ワーク・エンゲイジメントが「－1」に到達することは働きがいの危機に直面していると解釈できます。

　抑鬱傾向は、Y軸＝0で6.03点、Y軸＝1で12.06点、Y軸＝－1で0.00点となります。Y軸＝－1が理想の状態であり、Y軸＝0でもリスク群、Y軸＝1を超えると超ハイリスク群に相当するため、かなりの注意が必要となります。

　主観的幸福感は、Y軸＝0で5.76点、Y軸＝1で7.52点、Y軸＝－1で4.00点となります。Y軸＝－1に近づくと幸福感が蝕まれていると解釈できます。

　在校等時間は、Y軸＝0で70.7時間、Y軸＝1で90時間、Y軸＝－1で51.4時間となります。Y軸＝－1を下回る場合は在校等時間月45時間未満に相当し、Y軸＝0を超える時点でいわゆる過労死ラインに近く、Y軸＝1を超えると100時間に近い危険水域を意味します。

≫　A教諭の場合──幸福感の高さの背景にある信頼関係

　A教諭は小学校勤務の女性教員であり、3年以下の講師経験を有しています。4年目で1度異動を経験しています（大規模校⇒中規模校へ）。ワーク・エンゲイジメントは、初任者教員の時期（2018年度）は0〜1の範囲にありますが、2年目は1点前後を推移し、3年目以降は2点台に到達する勢いです（素点で約47点水準）。教職経験を蓄積するなかで、働きがいの実感が醸成されている好例です。

　抑鬱傾向は1年目の秋に0点（素点6点程度）に到達していますが、それ以外の時期はほぼ－1点（素点0点）で推移しています。

　主観的幸福感は、2019年5月（2年目5月）、19年7月（2年目7月）、21年3月（3年目3月）等の8月以外の勤務月に最高点を付けています。20年5月（3年目5月）、20年7月（3年目7月）、20年12月（3年目12月）、21年4月（4年目4月）に主観的幸福感が低下

しています（素点で4〜5点水準）。これらの時期には、ワーク・エンゲイジメントがあわせて低下しており、学校での働きがいの状況が主観的幸福感と連動する傾向が認められています。

　在校等時間は教職キャリアを通して1点付近（推計70時間）にあり、8月に−2点を切る水準（推計0時間）となっています。通常の在校等時間は長いですが、小学校ということもあり、8月にゆとりをもった教職生活を送っているといえます。毎年8月は主観的幸福感も高くなっています。

　自由記述を見ると、A教諭の働きがいと幸福感の高さの背景には、学年部教員との信頼関係があると解釈できます。以下のように、ワーク・エンゲイジメントが高い時期に、学年部教員との関係に言及する記述が見られます。

1905（2019年5月、以下表記同様）：7月の教科訪問に向け、指導案づくりや事前授業を学年部の先生が協力してくださり助かった。先輩の先生方の経験からの話はとても勉強になるので、教科訪問をよい機会と捉え学んでいきたい。
1906：教科訪問の焦点授業に向けて、学年部の先生方に協力していただいたり、教えていただいたりと、とても勉強になりました。
2010：学年部の先生方の協力を得て、市教研大会に向けて教材研究や指導案審議を行った。
2203：初めての卒業生を送り出すことができた。学年部の先生方に手助けしていただき感謝している。

　また、A教諭は、計画的に準備を進めるワークスタイルをとっており、業務を職能成長のために必要なものとして捉える認知スタイルを形成しているものと推察できます。大規模校ならではのゆとり（教員数が多く若手の校務分掌量が少ない）も背景にあるといえます。

　A教諭の教職キャリアは順調です。この背景には、2年目と3年目
において、勤務校で進められた先進的な業務改善の実践があります。
勤務校では、困難度の高い業務をワークショップ型研修によって視覚
化し、ミニ研修での同僚相互の協働（知識・技能の共有化）によって
解決する業務改善を、県内においていち早く実践しています。この学
校の業務改善のテーマは、「早く帰るにはどうすればよいか」ではな
く、「すべての教員が働きがいと幸せを実感できるようになるにはど
うすればよいか」に置かれていました。

≫ B教諭の場合
　次に、B教諭の時系列グラフを見ます（**図7-12**）。

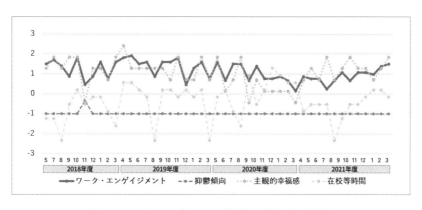

図7-12　ウェルビーイング指標の推移（B教諭）

Ｂ教諭は、小学校勤務の女性教員であり、３年以下の講師経験を有しています。４年目で１度異動を経験しています（大規模校⇒小規模校）。Ａ教諭と同様、初任者から４年間一貫してウェルビーイング水準が高くなっています。

　４年間のキャリアを通してワーク・エンゲイジメントは常に０点以上です。抑鬱傾向も、キャリアを通してほぼ−１点（素点０点）を維持しています。主観的幸福感は３年目までは、ワーク・エンゲイジメントと連動していますが、４年目に小規模校に移動してからは、連動性が崩れぎみです。在校等時間は、全体的に０点付近（推計70時間）にあり、８月に大幅に低下（推計０時間）しています。

　Ｂ教諭は、夏休み期間に、２学期の準備を着実に進める計画性のある教員です。初任者および２年目において、以下のコメントを記述しています。

1808：夏休みは２学期に行う研究授業の指導案をつくりました。なかなか思うようにまとまらず、もっと技術を身に付けたいと思いました。本番までの残り１ヵ月でしっかりと準備をしたいです。

1907：計画的に成績処理を行い、無事に夏休みをむかえられてよかったです。夏休みのうちに２学期の準備をしっかりと行い、余裕をもって生活したいです。

　また、謙虚に学ぶ意欲を持ち、日々、働きがいを実感できている様子が、コメントに顕著に現れています。

1904：初めて１年生の学級担任になり、毎日楽しく過ごしています。どのように授業を組み立てていいかわからず戸惑うこともありますが、学ぶこともたくさんあり、幸せだなと思っています。これから１年間がんばります。

≫ C 教諭の場合

次に、C 教諭の時系列グラフを見ます（**図 7-13**）。

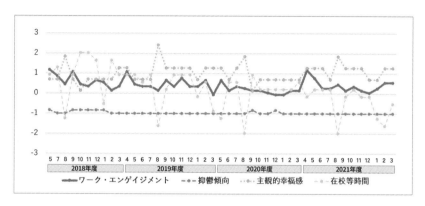

図 7-13 ウェルビーイング指標の推移（C 教諭）

　C 教諭は、中学校勤務の男性教員であり、大学院修了者で講師経験
はありません。4 年目で 1 度異動を経験しています（大規模校⇒中規
模校）。部活動指導では、就任早々から高い実績を示しています。A・
B 教諭と同様、初任者から 4 年間一貫してウェルビーイング水準が高
くなっています。

　ワーク・エンゲイジメントは、3 年目の後半に若干低下しています
（新型感染症ウイルス拡大の影響について複数月で言及）が、4 年間
を通して約 0 ～ 1 点の範囲（素点 28 ～ 38 点）にあります。抑鬱傾向
は、4 年間を通してほぼ− 1 点（素点 0 点）が継続しています。主観
的幸福感は、8 月を除いて 1 点前後を推移し、8 月は毎年最高値を記
録しています。在校等時間は、1 年目の秋に 2 点（推計 110 時間）水

準を記録していますが、4年間を通して0〜1点（推計70〜90時間）の範囲にあります。8月は、在校等時間が大幅に減少しています。

　自由記述では、学校行事や部活動指導を通しての生徒の成長実感や充実感について言及しています。

1910：合唱コンクールがあったが、生徒が自分たちで声を掛け合いながら頑張ろうとしている場面を数多く見ることができて嬉しかったです。ここでの頑張りを今後の学校生活に生かしていきたいです。

2009：運動会を通して、学級の生徒の成長を見ることができて嬉しかったです。コロナ禍でしたが、部活動の新人大会も実施でき、充実した月になったと思います。

2010：10月に入り、合唱コンクールに向けての練習が始まり、指揮者やパートリーダーがリーダーシップを発揮して活動する様子が多々見られて嬉しく思いました。

⑵　教師不足のネガティブインパクト

》》　D教諭の場合──教師不足の状況下でのウェルビーイング

　D教諭（**図7-14**）は初任者以降、月ごとの変動が大きいですが、4

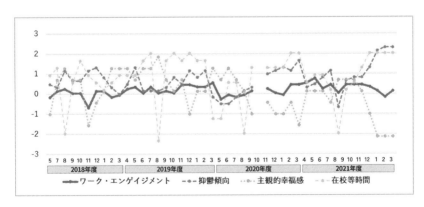

図7-14　ウェルビーイング指標の推移（D教諭）

年目の終盤にこれまでにない負のインパクトが観察されています。

　D教諭（小学校勤務・女性教員、3年以下の講師経験有、異動経験なし）のワーク・エンゲイジメントは、4年間0点付近（素点28点）で推移しています。抑鬱傾向は0〜1点（素点6〜12点）の範囲にある月が多く、心理的に良い状態とはいえません。また、4年目の3学期には2点（素点18点）を超える月が出現しています。この時期には、主観的幸福感も大幅に低下しています（素点2点）。

　在校等時間は、8月を除いて1点（推計90時間）を超える月が多いです。3年目の後半からは在校等時間と抑鬱傾向の反応が一致するような傾向が認められます。それまでは認められていないため、興味深い現象です。

　自由記述を見ると、4年目後半の変動現象は、教師不足の典型的な現象であるといえます。教師不足現象は、教師に110時間超の在校等時間、抑鬱傾向18点超、主観的幸福感2点を生み出すインパクトを持っています。

2112：学年内でトラブルがあり、対応に追われた1ヵ月でした。どこの学校も同じと聞いていますが、病休や産休代員の講師の先生がいないのは大変な状況だと思います。学年部・校内にいる人でカバーしていくのは正直厳しいと実感しています。

2201：同学年部の先生がみんな退職・休職してしまって私一人だけ残ったのですが、代員がいないため3学期から教科担任制になり、学級の子どもたちとも十分に時間を作れず、不安定な子も増え、毎日が綱渡り状態です。ベテランの先生の教科で授業妨害が起きているのですが、先輩なのでフォローすることもあまりできず、戸惑っています。それに加えコロナの欠席対応に追われています。

2202：手薄な教員で多感な5年生を相手しているので、不安定です。代員が来ないのは、やはり厳しいと感じています。教頭先生と教務主任の先生が代わりに入っているため、ご自身の仕事が忙しく、6年生

　このような困難な状況下にあっても、D教諭はワーク・エンゲイジメントが0点前後を推移しています。ワーク・エンゲイジメントの維持によって、D教諭はこの困難を乗り越えることができたのかもしれません。

　D教諭のほかにも、教師不足の負の影響に言及する教員は多いです。代表的なものをいつくか時系列で紹介します。各文末にあるIDとは、調査参加者に割り振られたランダムIDを示します。またコメントの記述においては個人が特定されるような情報を削除しています。

1911：今月は、上旬は部活動の新人大会関係で平日も土日も休みがありませんでした。また、<u>同僚に休職者が出たため、代教に入ったり、その人の受け持っていた学級（他学年）の授業を引き継いだりしました。</u>そのため、<u>毎日満塁が続き、肉体的にも精神的にも参っていた</u>日が多かったように思います。【ID_48】

2009：人員不足で<u>2年生の学級担任をしながら6年生の外国語の専科を</u>することになった。仕事量が多い。【ID_38】

2010：<u>学校では圧倒的に人手が足りず、代教が組めない状態が慢性化して</u>いる。これは個人のレベルでどうにもならない。10月末〜11月中旬にかけて全校研が毎週ある。忙しすぎて子どもにじっくり関わる時間が取れない。本当にしんどい。【ID_4】

2012：担当していた行事が終わり、休日出勤や残業時間が減ってきて、以前より気持ちが楽になりました。ただ、<u>病休の先生が出たり、体調不良を訴えている先生がたくさんいたり</u>と、職業として続けられる

かどうかはまだわかりません。心身ともに健康な生活を送れるように、仕事のバランスを考えたいと思います。【ID_17】

2104：初任者が赴任数日で病休になりました。また産休の代わりの先生がきません。欠員2です。どの学年も専科が減りました。4月からこれはしんどいなと思います。【ID_25】

⑶　教員を取り巻く信頼関係と業務負担

》　E教諭の場合

1）同僚教員・管理職との信頼関係

　A教諭・B教諭・C教諭は、4年間を通じて、抑鬱傾向が低位にあり、ワーク・エンゲイジメントが高位に分布していました。一方、**図7-15**に示すE教諭（中規模中学校勤務、男性教員、4〜9年の講師経験有、4年目に小規模校に異動）は、ほぼ毎月、抑鬱傾向の方がワーク・エンゲイジメントを上回る分布を示しています。

　主観的幸福感も1年目と4年目で0点（素点5.76）を下回る月が多く、在校等時間も1年目と2年目において、2点（推計110時間）を超える月が散見されます。ウェルビーイング水準が高いとはいえないE教諭は、どのような職務環境に置かれているのでしょうか。

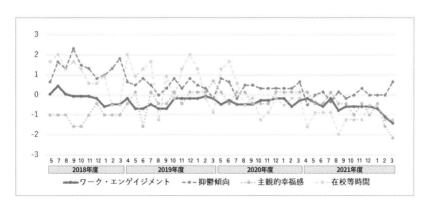

図7-15　ウェルビーイング指標の推移（E教諭）

人間関係のトラブル

　1年目前半は在校等時間が長く、抑鬱傾向が高く、主観的幸福感が低い困難な期間となっています。この時期のコメントには、初任者指導担当者とのミスマッチ、先輩教員や職場の人間関係のトラブルが記されています。

> 1805：<u>初任者指導員</u>の方の指導で、自身の授業の方向性が全くわからなくなっている。
> 1806：<u>先輩教員</u>との関係がうまくいっていないことがあります。
> 1808：<u>職場の人間関係</u>がうまくいっていないため、職員室での時間が苦痛に感じることがある。

　また、E教諭は4年目の年度末に、異動した先の小規模校でもウェルビーイングの大幅低下を経験していますが、この時期にも同僚相互の信頼・協働関係の欠如を記しています。

> 2101：4月から通して、良い学校は良い職員室作りからということを学びました。生徒以前に<u>職員室の雰囲気、人間関係がダメでは生徒指導にも影響する</u>と思います。
> 2102：<u>職員間の関係がとても良くないため、雰囲気は非常に悪いです</u>。本校は小中連携を謳っていますが職員同士の不仲から機能していません。
> 2103：<u>職員間の人間関係が最悪</u>です。

　同僚・管理職との人間関係や協働体制の欠如は、若手教員のウェルビーイングを低下させます。複数の若手教員が、この点に言及しています。

1806：わからない、できないことが多いのは自覚しており、仕方のない面があるのはわかっているのですが、同僚のベテランの先生方の言う「仕事の遅い教員」への愚痴が全部自分のことに聞こえてしまいます。気にしすぎだとわかっているのですが、しんどいときがあります。【ID_24】

1807：どの場面の人間関係でも当てはまりますが、特に教員と話すと「自分の正しさ」を主張しすぎる人が多いように感じてしんどいときがあります。【ID_24】

1810：クラスでの出来事を学年に相談しようとして、「後で」と言われ、後で相談して「何で早く言わないの？」と言われたのは、忙しさとの兼ね合いの難しさを感じた。【ID_41】

1810：行事が多く準備に疲弊しました。学校全体での協力体制が上手くできていないと感じました。【ID_55】

1810：1つのことを何度直しても、何回も注意を受け、周りの先生はもう十分だと言ってくださっているにもかかわらず、自分が言ったとおりになるまで納得してもらえなかった。私に至らないことがあったのは事実だが、数名の先生の前で叱責を受け、指導ができていないと私の目の前で他の先生が叱責を受けることがあった。それについても数日にわたり指導を受け、相手の思い通りにしないと許してもらえない点や、周りの人を巻き込んでしまったことがストレスだった。【ID_58】

1811：市駅伝の担当になっているが、他の教員との協力ができていないため、負担が大きい。【ID_55】

1811：前々からではあったけど、最近特に多いなと思い書かせていただきます。良かれと思って言ってくださっているのかなと思うけれど、心が傷つくような言葉をよく言われる。めげずに頑張りたいと思う。【ID_3】

1901：学年部のまとまりは全くない。みんながみんな勝手にやったりする。担任が足並み揃えない、情報が回ってこず、わからないことが多い。生徒指導をきちんとしない。生徒たちに当日放課後残るように言っ

たりする。生徒たちにも生徒たちの予定があるのに…しかもその練習予定を当日の昼休みに出す。午前中に聞かれても答えられなくて困った。【ID_52】

1902：学年部の教員間のコミュニケーションが本当に取れていなくて困りました。お互いに腹の探り合いというか、わからないことが多すぎます。学年部に所属しているのに生徒たちの受験の合否がわからないという状況が信じられません。【ID_52】

1903：体調が良いと感じた日は1日もありませんでした。朝起きて、めまいがひどく、1日学校を休みました。この1年間で、悪口を言われ、無視され、生徒の前で怒鳴られ、自身のストレスを若年教員にぶつけて発散する一部の先生となるべく接することのないように、どれだけ自分の仕事を早く終わらせて帰るか、という計画性とスピーディーさが身に付きました。【ID_57】

1905：学年部、職員室の雰囲気が全く異なると感じました。仕事に関しても、学年部での情報共有やルールの徹底ができていないと感じることが多いです。学年部での教員数が少ないのも理解していますが、一部の教員のみに仕事が重なっている状態に感じます。文句も言えませんが、疑問に感じることは多いです。子どもとの関係性は悪いと感じたことはまだありませんが、教員間での関係性が子どもに伝わるのではないのかと恐怖です。【ID_59】

1908：学級担任の仕事に加え、学年での担当の仕事など、私の担当の仕事の量が多いのは十分理解していますが、それに対して管理職は私自身を責める発言のみをし、学年主任やその他の先生への意見は一切していない様子です。仕事を引き受けた私が悪いと言われているようにしか感じませんでした。【ID_59】

2003：学年で問題が絶えない。教員がまとまっていない。嫌な空気を出したり、口に出したりする。そんなことをしていても何も解決しないので、動けることは動くようにしている。校務分掌の仕事がはじめてでわからないことがあったが主任に聞いてもわからないこともあり、困った。子どもたちも落ち着きがなく、問題が絶えなかった。教員がまとまっていればもっと状況は改善するのでは、と思うこと

もあった。【ID_52】

2007：生徒はとても良い子ばかりですが、<u>職場の同僚との関係が大きな精神的負担</u>になっています。学年部は違いますが、職員室での声、担当部活動に対する圧力が強く、職員室に居ることが苦痛に感じています。【ID_10】

2007：<u>教員間の仲が悪い。学年部で情報の共有がなされず、知っている教員、知らない教員がいて大変困っている。</u>学年部会でも、意見は出ず、シーンとしている。自分が思うようにならないと機嫌が悪くなったり、あからさまに悪口を言ったりする教員もいる。それをどうにかしたいと思うし、しなければいけないと思うので、該当の教員に働きかけるが、頑なな態度で、この先も不安しかない。【ID_52】

同僚との豊かな人間関係

　一方で、A教諭や下記のコメントを記した教諭のように、豊かな同僚関係に恵まれると若手教員のウェルビーイング水準は高まります。同僚との信頼関係、すなわち、配属された学校・学年の人間関係（どこで働くか、誰と働くか）が、若手教員のウェルビーイングを強く規定しているといえます。

1911：2年目研究や成績処理が間に合いそうになく、半泣きです。。。<u>でも、同僚の先生方の優しさに救われています。</u>【ID_35】

2010：精神的に不安定な保護者の要望が激しくなり、放課後の対応が大変でした。<u>学年部や管理職の先生の支え</u>があり、なんとかやっていくことができました。【ID_23】

2102：卒業30日前にして、保護者がこれまでの指導方針を覆すような話をしてこられた。正直参った。<u>管理職に相談すると、保護者と学校の考え方の違いであり、迷わずこれまでしてきたことをすればよいと味方になってくださった。学年部の教員も支えてくれ、</u>何とか月末を迎えられそう。【ID_20】

2）業務量過重

　E教諭は、2年目においても、ワーク・エンゲイジメントよりも抑鬱傾向の方が高位にある状態が持続しています。この年度以降、E教諭の勤務校所在地域では時短を目的とする働き方改革が強烈に進められましたが、E教諭が目指す姿と現実との乖離に苦しんでいることが、コメントからうかがえます。

> 1906：授業準備以外の雑務や研修などが多く、本来必要な教材研究ができない。教員数に対しての担当業務が多すぎて残業ありきになってしまっている。就業時間の管理があきらかにおかしいと思います。

学校行事、感染症対策等による業務量の過重

　業務量過重によるウェルビーイング低下は、他にも複数の若手教員が言及しています。秋頃のコメントが相対的に多いです。時系列データで確認したように、教員のウェルビーイング指標の低下が秋頃に見られるのは、業務量過重によるところが大きいためと推察されます。新型感染症ウイルス拡大への対応やGIGAスクール対応に関する負担感への言及も散見されます。

> 1906：すもう部、水泳部の活動で放課後の時間がとられ、学級事務が追いつかない。また、成績処理の時期が近づいており、テストの丸つけや作品の評価等に毎日追われている。【ID_23】
>
> 1909：自然の家に向けての準備が大忙しだった。準備期間も当日もわからないことが多く、バタバタしてしまった。また、陸上練習も始まり、放課後も時間を取られている。10月には、造形大会、家庭科でミシン、陸上総体、研究授業と大忙し。働き方改革とは何なのだろう。【ID_23】

1911：下校指導に時間が取られる。事務仕事が多く、授業準備まで時間がまわせない。【ID_38】

2006：コロナ対応がとても負担に感じる。放課後の時間が少なく感じる。管理職からは早く帰宅するよう言われるが、することはどんどんたまっていく。ボーナスが出たので、何とかがんばろう！と思える。【ID_4】

2006：コロナがだいぶ落ち着いて通常の学校に戻りつつあるが、消毒やトイレや流し場の掃除など、教員の負担が増えているように感じた。早く今まで通りの生活に戻って、生徒も教員もストレスなく生活できるといいと思う。【ID_47】

2009：運動会、陸上部、集団宿泊活動、生徒指導、40人学級、体育主任、学年会計、不登校対応。○月○日に救急搬送されました。【ID_18】

2009：働き方改革が推進されており、放課後の時間があまり使えません。陸上練習や運動会の準備、自然の家の準備も進めなくてはならず、うまく時間を有効に使うことができていません。どの仕事から手を付けていいかわからず、困っています。【ID_24】

2009：特活主任として、運動会の準備を進めたり陸上部の主担当として毎日働いたりと、仕事量が少し多いような気がします。運動会が10月開催となってしまった弊害だと感じました。【ID_32】

2009：男子卓球部、生徒会、駅伝部、3年目研修、教育実習生担当、情報研究大会、数学テスト作成委員会、数学冬季研究発表会と今月だけでも仕事が回ってきすぎて、体と心が追いついていない状況です。学校から帰宅するのもほぼほぼ最後です。若い教員ってこんなものなんですかね。学級も問題が多く大変ですが、体育大会での成長がみられるとうれしいです。【ID_56】

2010：10月に入り、運動会に向けての実行委員会の指導や運動会後の指導、陸上部の主担当としての指導、11月頭の自然の家に向けての会計処理、11月の全校研に向けての教案審議など負担感がとても大きいです。【ID_32】

2106：学年生徒指導という立場で様々な場面に出ることが増え、教材研究や事務処理の時間がなく、残業時間がかなり増えている。後輩教員

に指導をする場面も出てきており、職員室で気を揉むことも多くなってきた。【ID_27】

2107：学年生徒指導や生徒会などの校務に時間を圧迫され、教材研究が疎かになっていたように思う。だんだんと自分の容量を超えてきているように感じられ、疲労感を強く感じる１か月となった。【ID_27】

2110：陸上、運動会と重なり、残業時間が長くなりました。残業をする前提で業務が割り振られているのは、おかしな話です。【ID_37】

2111：GIGA端末持ち帰りの時期が近づき、情報主任として進めなければならないことが増えてしまっています。クラスのために使いたい時間がとれなかったり、睡眠時間を大幅に削りながら過ごしたりすることが日常的になり、精神的にしんどいと思うことも多くなっています。【ID_41】

部活動に関する負担

　業務量でいえば、中学校の部活動が言及されそうなところですが、中学校教員の部活動の負担の具体的なコメントがよせられたのは１名だけでした。外部指導者との対立に言及しています。

1811：外部指導者との関係です。勝利至上主義のところがあり「○○と△△はこの大会には参加させない」など、我を通す。【ID_48】

1907：部活動の指導が辛くて仕方がない。私がその競技に対して全くの素人であるため、技術的な指導は外部指導者に一任している。しかし、外部指導者は勝利至上主義の面があり、生活態度等に問題のある生徒も実力があれば、試合や練習で重用する。大規模な部活動であるため、１人で見ることに限界を感じている。【ID_48】

研究授業、研究レポート等の負担

　若手教員の負担感として、言及頻度が高いのは、研究授業や教育センターの課題研究（２年目の研究レポート）でした。これらの業務も

秋頃に集中しており、児童生徒への指導と直接関係していないため、余計に負担を感じるのでしょう。

1909：しょうがないのはわかってはいるが、研究授業や課題研究、学校行事が重なると精神的にとてもしんどい。校務分掌の仕事の処理も重なり、追い込まれることで、自分の学級経営にミスがでないか不安になる。【ID_7】

1911：忌憚のない意見ということで。2年目研究レポートは勉強になりましたが、体裁を整えたり、書くことを考えたり相当時間がかかりました。正直、他の授業はろくに準備もせずに流すことが多くなってしまいました。研究以外のところにしわ寄せがいきましたが、きっとそういうものなのでしょう。研究のための研究です。他の先生方にも多くの時間とエネルギーを割いていただきました。費用対効果で考えると、どうなのでしょう。私の要領が悪いのもありますが。【ID_37】

1912：課題研究のレポートがかなり苦しかった。発表準備もしんどい。【ID_4】

1912：2年目研修のレポートの訂正が入ったがどう直したらよいのかわからず、学年の先生が一緒に考えてくださったがとても時間がかかり、しんどかった。前々からしたらよかったのだろうと思うが、11月末に研究授業があったり、自分自身が体調を崩していることも多かったりしたため、なかなかできなかった。締め切りが迫っているのに、通信簿の所見も終わらず、レポートも終わらず辛かった。周りの若手教員がそつなくこなしていることが自分はなかなかできず、苦しかった。【ID_35】

2001：2年目研修の課題研究発表に向けてプレゼンを作ることや、校務分掌の仕事など、どうやったらいいかわからないことがあるとき、しんどかった。様々な書類の作成等をしていると、なかなか授業準備までたどり着けない。添削するものも溜まっていき、「終わらない、帰れない」という思いがあり、しんどかった。【ID_35】

2007：市教研大会の授業者になりました。いろいろな理由がありましたが、

結局は学年部で１番若いからという理由で授業者になりました。自分が適任だとは思えず、モチベーションが上がりません。【ID_58】

3）業務改善なき時短第一の管理体制
業務改善がないなかでの時短の強要

　E教諭の勤務校所在地域では、業務改善を伴わない時短第一の働き方改革が強烈に展開されている様子が示されており、若手教員の不満が溢れています。管理職は「帰れ帰れ」の大合唱。教員の持ち帰り仕事が増加。コミュニケーション不全による業務停滞。管理職への怨念の拡大という流れが生まれています。また、業務量の一部教員への偏りについても不満の声が示されています。

1810：副担任の先生方が早く帰られ、部活をもっている学担の先生たちで様々な準備をすることが多く、仕事量が増えた。定時退勤日ができたが、仕事量は変わらないのであまり意味はなく、持ち帰るか、翌日の負担となっている。【ID_15】

1903：「働き方改革」と言われていますが、仕事量が減るわけではないのに労働時間を短くするのは現実的ではないし根本の解決にはならないと思います。【ID_38】

1905：早く帰れと言われるが、業務改善の内容は全くない。学担で別の部の主顧問であるのだが、校外活動の総体引率に選ばれる。授業が初めての学年のため教材研究に追われるのはいいのだが、それをしているときに別の仕事を優先して早く帰れと言われるのがつらい。【ID_15】

1905：「残業は原則45時間まで」と言われているが家に仕事を持って帰っても難しい。【ID_37】

1906：月別残業時間が100時間を超え、産業医に呼ばれたのだが、平日に授業を削ってまで面接に行く必要があったのか疑問が残った。残業していることは自分にとって苦ではないが、業務内容が変わらない

のに早く帰れと言われることが増えたのがつらい。【ID_15】

1907：産業医の面談に授業時数を削って外出したが、何のために呼ばれた
　　　のかわからない。健康だから大丈夫、とだけ言われた。他にも早く
　　　帰れと言われるだけで何も具体策のないままである。学校評価にも
　　　同じような意見が多々あり、働き方改革のない学校であるように感
　　　じている。【ID_15】

2001：研修や行事が重なり、勤務時間を過ぎてからしか仕事につけない。
　　　残業が多いのは仕方ないにしても、業務改善が何もないまま「早く
　　　帰るように」という言葉だけ伝えられるのが苦痛。【ID_15】

2002：6年生を送る会の準備が始まり、慌ただしい毎日が始まった。年度
　　　末事務処理の締め切りもあり、通信簿や要録、年間指導計画を進め
　　　ないといけないが、全くやる気が出ない。要録の語尾を変える必要
　　　性、細かく見もしない年間指導計画を丁寧に整える必要性など、無
　　　駄なことに時間を使っている気がする。【ID_23】

2006：勤務時間の管理が厳しくなり、持ち帰りの仕事が増えました。学習
　　　内容が難しくなるなか、準備の時間がとれないのが苦しいです。6
　　　年生の担任をしていますが、コロナウイルス感染症の予防対策のた
　　　め行事の制限があり、なかなか自主性や積極性を育てられていない
　　　のが歯がゆいです。【ID_40】

2009：強制的に7時までに退勤させられるので毎日持ち帰りの仕事で大変
　　　です。仕事量が変わらない（むしろ増えている）のに加え、陸上練
　　　習や運動会準備などで放課後の時間がとられる中、業務時間を制限
　　　されるのが苦しいです。そのため周りの先生方と連携をとる会話や
　　　相談もできづらいです。早く10月が終わってほしいです。【ID_40】

2110：放課後の陸上練習へ毎日参加しないといけないが、毎日終わるのが
　　　17時近くで丸つけをしたり、授業研究をしたりする時間が勤務時間
　　　内に取れない。その上で、超過勤務時間を45時間に収めることは
　　　厳しい。【ID_38】

教員個々に合った主体的な働き方改革

　こうした業務改善なき時短第一の管理体制に不満の声があがる一方で、自分に合った働き方を主体的に模索しようとする若手教員の姿や、業務改善がうまく進んでいる学校の姿が示されています。

　なお、通信簿の文言廃止は、同時期に行う個人面談での対面コミュニケーションを重視する方針と連動しています。こちらの方が信頼構築においてより効果的であるとの見通しが決断の背景にあります。

> 2101：3年目になって、多くの先生方と一緒にお仕事をさせていただいていますが、<u>先生方がそれぞれのライフスタイルにあった様々な働き方をされています。</u>働き方に正解はないとは思いますが、私自身のベストな働き方がまだはっきりしていません。自らが健康で、<u>子どもに十分に関わることができる働き方を見つけたいです。</u>【ID_31】
>
> 2107：1学期も無事に終わり、一安心しています。<u>今年から通信簿の家庭連絡の文言がなくなったので、とても校務の負担が減りました。</u>夏休みに2学期の準備をして、いいスタートを切れるようにしたいです。【ID_45】

4）児童生徒・保護者との信頼関係

≫　F教諭の場合

　図7-16に示すF教諭は、中学校勤務の女性教員であり、1〜3年の講師経験を有しています。1〜2年目と3〜4年目で、ウェルビーイング指標の分布がかなり変化しています。都市部の中規模校から、農山漁村部の小規模校へと異動しています。特に、抑鬱傾向の分布に大きな変化が生じています。コメントを読むと、F教諭の1〜2年目の困難は、業務量過重のなかでの生徒と保護者との信頼関係に起因していると推察されます。

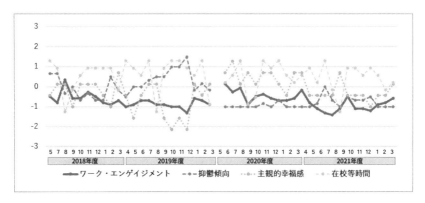

図 7-16　ウェルビーイング指標の推移（F 教諭）

1910：生徒の人権意識が低く、人を馬鹿にしたり、傷つけたりすることに
　　　対して平気な生徒が多い。複数教員で指導するものの改善されない
　　　ことが多いので、とてもしんどいです。また、<u>教材研究</u>、<u>学級での</u>
　　　<u>生徒指導</u>、<u>保護者対応</u>、<u>部活動指導</u>なども負担に感じるようになっ
　　　てしまいました。精神的にも体力的にも苦しく、教員を辞めること
　　　も考えてしまいます。
1912：仕事量が多く、<u>生徒や保護者対応</u>に追われて、とてもしんどかった
　　　です。このままでは精神的にしんどいと感じます。残り数か月頑張
　　　りたいと思います。

　こうした困難な状況は、3 年目における事務所を越えた異動により、
一定程度解消されています。異動は教員を取り巻く信頼関係をリセッ
トする機能を持ちます。抑鬱傾向はかなり低下し、主観的幸福感はや
や上昇していますが、在校等時間には大きな変化が認められていませ
ん。1 点（推計 100 時間）を越える月が散見されています。小規模校
では担当生徒数が少なく、保護者トラブルの確率も低いですが、教員
1 人あたりの校務分掌量が多くなるめ、事務処理が苦手な教員にとっ
ては長時間勤務の原因となっているものと推察されます。

2109：体育大会が延期となり、<u>新人戦</u>、<u>体育大会</u>、<u>文化祭</u>、授業参観など
　　　が一気に来て、忙しいと感じます。ただ、<u>クラスは１学期よりもま</u>
　　　<u>とまりが出てきたように感じる</u>ので、なんとか頑張りたいです。
2111：<u>生徒との人間関係はできてきています。</u>幼く勉強の苦手な生徒たち
　　　ですが、強く指導しても後に引きずらない子たちなので、さっぱり
　　　していてやりやすいです。ただ、<u>働き方改革がしんどい</u>です。残業
　　　時間を減らさないといけないのはわかるのですが、私が効率よく動
　　　いたり、家で仕事をしたりすることができないので、学校での残業
　　　時間が長くなってしまい、<u>罪悪感を感じながら仕事をすることがし</u>
　　　<u>んどい</u>です。

　教員のウェルビーイングは、児童生徒や保護者との信頼関係によっ
て強く規定されます。ウェルビーイング指標が低下している若手教員
は、低下している時期に以下に示すコメントを寄せています。

1805：学級の児童が他の児童のプリントや学習帳をハサミで切っており、
　　　その後の保護者対応の際、どのように話を進めていけばよいのかわ
　　　からなかった。<u>児童としっかりと向き合えているのか不安になるこ</u>
　　　<u>と</u>があった。【ID_34】
1805：教室で物がなくなる事件が頻発し原因も解決方法もなかなか見つか
　　　らず、だんだん子どもを信じてあげられなくなりつらい。周りにも
　　　報告はするが、うまく相談できなくてしんどかった。やることをう
　　　まく処理できず、帰れない。土日もどちらかは学校へ行くようにし
　　　ているが、終わらず、<u>授業準備等もあまりできないままで毎日子ど</u>
　　　<u>もの前に立つのが不安</u>である。【ID_35】
1805：<u>学校の子どもの叱り方を模索しているがわからない。</u><u>立ち歩きの子</u>
　　　<u>どもがいて大変でした。</u>【ID_42】
1807：子どもの物がなくなる事件、椅子に画鋲が置かれている事件が起こ
　　　り、どうしたらよいかわからなかったこと。対処法、指導法…。<u>子</u>

どもへの指導が子どもの心に届かず、言葉選びを間違え、子どもに無視され続けることがあったこと。【ID_35】

1807：授業の組み立てや段取りの良さがつかめず、子どもを困らせてしまうことがしんどかったです。【ID_42】

1809：児童同士のトラブルで解決したことを、保護者から納得がいかないといわれ、上手く対応することができなかったこと。【ID_34】

1905：4月の家庭訪問が希望制だったので、保護者の名前と顔が一致しないまま5月に参観日や学級懇談があり、緊張しました。【ID_9】

2005：コロナの関係で家庭訪問や参観日がなく例年になく保護者との関係を作る場が消失しており、やりにくさを感じます。7時間授業が開始され、授業時数も増え、その割に仕事を減らさない管理職の愚痴を言い合う日々です。早くこの状況と自粛ムードが収まればいいなあと思う日々です。【ID_25】

2102：休み時間などの子ども同士のトラブルの仲裁に時間がかかることや、学校に行きたくないという子どもへの対応がしんどかった。毎日、次々と仕事があって、学習帳や漢字スキルなどを持ち帰って丸つけすることも多い。仕事を何からやればいいのかわからないこともあり、周りの皆さんも忙しそうで聞きづらい。タブレットPCの導入でロイロノートを使って小テストを作ったり、写真を撮らせて授業に生かしたりと、新しい取組をすることは楽しかった。【ID_35】

　F教諭のように、異動を契機にウェルビーイング指標がプラスに変化した教員は、ほかにも複数名います。また、中学校から小学校への異動でプラスの変化が認められた教員もいます。小・中学校における学校・教員文化の違いや自由裁量の違いに言及しています。

1904：協力体制、教員間のコミュニケーション、人柄、どれをとってもC地区は素晴らしいの一言です。去年が悪夢すぎて、トラウマのようになっており、思い出すだけでまだ涙が出ますが、C地区の素敵さに少しずつ癒やされていくと思います。【ID_57】

1906：小学校のリズムに慣れてきました。以前勤めていた中学校と大きく
違うのは、学級担任の思うように学級経営がしやすいところです。
中学校では、学年主任の先生の指示なくしては何もできず、働きに
くさを感じていました。小学校においては、そのようなことはほと
んどなくなったので、とてもやりやすいです。【ID_55】

　その一方で、学校間・学校種間での異動によりマイナス変化となっ
た教員もいます。なお、【ID_2】の教員は、中学校から小学校異動に
伴いワーク・エンゲイジメントが－0.5点（素点24点）から－2.7点
（素点2点）に、主観的幸福感が0.1点（素点5.6点）から－2.8点
（素点0点）に低下し、抑鬱傾向が－1.0点（素点0点）から1.8点
（素点16点）へと上昇しています。人事異動は、困難な環境下におか
れている教員にとっては正の効果が期待できますが、勤務校種に強い
思い入れがあり、そこでキャリアを積み上げようとしている教員には
強烈な負の効果となる可能性があります。

2105：守らせるべきルールが前の学校と違いすぎて、指導しきれていない
と感じる。なかなか慣れず、自分の目の前の仕事だけをしている感
じです。【ID_32】
2005：昨年まで主任会幹事として授業研究や部活動に一生懸命取り組んで
いたのにもかかわらず、校長が抗議もしてくれたが、小学校への異
動になった。何のための異動かわからず、何を頑張ればよいのかわ
からない。講師が長く、ようやく中学校で採用されたにもかかわら
ず、どうして小学校なのか。これまで勉強してきて、こんな授業を
したいと考えていたことが全て白紙になってしまった。これまで積
み上げたものが使えない。次の異動で中学校に戻りたいが、ブラン
クになり、このまま中途半端な教員になってしまうのではないかと
不安である。【ID_2】

⑷ 若手教員のウェルビーイング低下を引き起こす4つのリソース不足

　若手教員の4年間のウェルビーイング指標の推移および上昇／下降イベントの分析を実施した結果、若手教員のウェルビーイング指標の低下に影響を及ぼす決定的な要因がいくつか析出されました。

①人的リソースの欠如

　第1は、学校の人的リソースの欠如です。校務と教育課程を円滑に運営するために必要な人員が欠如していると、若手教員のウェルビーイングは低下します。若手教員のコメントには、退職・休職者や病休・産休の代理が配置されず、学年を1人で運営、他学年の授業を新たに担当、学級担任に加えて外国語専科を担当等の体験が記されていました。また、病休と産休代理が来ず、4月で欠員2の状態でスタートすることへの不安が記されていました。

　人的リソースの欠如は、1人あたりの業務量を増加させる作用を持ちます。調査対象の自治体では、50歳代の教員が半数に近い高齢化状況にあり、30〜40歳代教員の比率が小さいU字に近い年齢分布にあります。20歳代の若手教員に追加業務が分配されやすい環境です。

　小学校の部活動（相撲・水泳・陸上）、中学校の部活動、駅伝大会、運動会・体育大会、集団宿泊活動（自然の家）、造形大会、生徒会、教育実習生担当、テスト作成委員会、学年生徒指導、研究授業、研究大会、課題研究、コロナ対応、GIGA端末管理等、自分の学級・担当教科指導以外の業務が、負担として捉えられています。これらの業務が、学習指導と学級経営のための準備の時間を圧迫しているとの認識を複数の若手教員が示していました。

　若手教員が負担感業務として指摘するこれらの業務は、ICT活用や外部人材で即時的に代替・対応できるものではありません。また、廃止・縮小・移行等の決定についても、上位団体があるため簡単にでき

201

るものでもありません。実施時季の調整についても同様です。

②技術的リソースの欠如

　第2は、技術的リソースの欠如です。多少の業務量過重状態にあっても、当該業務を能率的かつ効率的に進める技術を獲得している教員は、ウェルビーイングを維持することができます。しかし、ほとんどの業務が初めての経験となる若手教員には、これらの業務を円滑にこなすことが困難です。

　上記業務は、一定のキャリアを積んだ教員、あるいはスポーツ指導に自信のある教員であれば、負担を感じない業務も多いです。同じ業務であっても、それを負担に感じるかどうかは、教員の技術的リソースの程度によって異なります。

　また、技術的リソースが豊かな能力の高い若手教員に業務が偏るという現象も確認されています。若手教員からすると、公平感に欠く業務配分として映り、管理職への不満の原因となっています。

③支援的リソースの欠如

　第3は、支援的リソースの欠如です。業務量過重で仕事のスピードが遅い若手教員であっても、同僚・先輩教員や管理職からの情緒的・道具的支援があれば、教員のウェルビーイングは維持されます。

　ところが、学校内での支援的リソースを欠く場合に、ウェルビーイングは大幅に低下します。職員間の人間関係がよくない、職員室の雰囲気が悪い、協力体制ができていない、まとまりがない、情報が共有できていない、自分の正しさを過度に強調する教員がいる、悪口を言われる、無視される、児童生徒の前で叱られる等、若手教員にとって支援期待が持ちにくい職場において、若手教員のウェルビーイングは蝕まれます。

　これらとは逆に、支援的リソースが豊かな若手教員は、困難に直面

した場合に周囲から容易に情緒的・道具的支援を受けることができます。技術的リソースの欠如は、支援的リソース（＝社会関係資本）によって、ある程度の水準まで補充が可能であると考えられます。

④時間的リソースの欠如

　第4は、時間的リソースの欠如です。働き方改革が言われるまで、教員は業務量過重に対して時間的リソースを充てることで対処してきました。このコーピング戦略で困難な状況を打開してきたわけですが、多くの教員が採用することで、「慢性的な長時間労働環境」という批判的な状況が発生し、時短を第一義とした働き方改革が求められるようになりました。

　若手教員は時間的リソースが中堅・ベテラン教員に比べて潤沢であり、中堅・ベテラン教員との能力差を埋める有効な資源でした。時間は、未熟な若手教員にとっての最大の武器でした。ところが、「働き方改革」の名のもと、突然、業務量の調整がないままに、時間的リソースの削減が若手教員に求められるようになったのです。

　時間的リソースを使って、なんとか中堅・ベテランに追いついていた「影の努力」が、ある日突然、「悪しき行為」「あるまじき行為」として批判の対象となりました。業務量は調整されていないため、当然、持ち帰り仕事が増えます。そして、持ち帰り仕事となることで、支援的リソースの質が大幅に低下しました。学校にいれば当然のようにいた相談相手が自宅にはいません。持ち帰り仕事の増加事例とそれがもたらす困難は、複数の若手教員が記しています。

　教員不足の解消、研修等による人材育成、支援体制の確立、自己のペースで仕事を進めることができる自律性の拡大が、若手教員のウェルビーイングを高めるうえで重要であるといえます。

第8章

教員のウェルビーイング を高めるために

8 章では、職場・職務・職業・職能の４つの職の視点から、教員のウェルビーイング向上のための示唆を提示します。

1 教員のウェルビーイングを決める４つの「職」

　本章では、教員のウェルビーイングを実現する方法について、職場（organization）、職務（job）、職業（vocation）、職能（competence）の４つの「職」の視点から提案します。この枠組みは、人事心理学分野の個人—組織適合理論を基盤としており、露口（2022c）においてすでに紹介されています。露口（2022c）の内容を適宜参照しつつ、本書で得られた知見やその後の研究成果を追加することで、より現状に即した新たな示唆を提示します。

　４つの「職」の視点に立てば、教員のウェルビーイングを高める要因を以下のように整理することができます。

①職場：働きたいと思える魅力ある職場で勤務している。教員を取り巻く信頼関係が醸成されており、「働きやすさ」と「働きがい」が共に重要視される、次年度以降もぜひここで働きたいと思える職場で勤務できている。

②職務：取り組みたい仕事ができている。日常的に達成感・充実感・成長感を味わえる職務、職務の意味・意義が明確で価値が高い職務、困難ではあるが発達的挑戦が実感できる職務等が、適度な業務量の範囲で遂行できている。目的性・限定性・主体性・関係性に欠ける負担感業務は少なく、取り組みたい仕事ができないために生じる焦りも少ない。

③職業：高度専門職・教育公務員として社会的に評価されている。高度専門職として社会的に高く評価され、経済的・身分的保障があり、福利厚生と処遇も充実した職業に就いている。セカンドキャリアの

選択肢も豊富であり、教職経験を他の近接キャリアコースで生かすことができる。

④職能：職責遂行に必要な能力を身につけている。教員の職務遂行に必要な授業・生徒指導・学級経営等のキャリアステージに応じた職能を、主体的かつ持続的に習得し続けている。

以下、これら4つの「職」の視点から、教員のウェルビーイングを高める要因についての詳細を述べます。

2 教員のウェルビーイングを高める要因

(1) 職場：働きたい学校で勤務している

1) 信頼関係の醸成

本書では、教員のウェルビーイングは、教員を取り巻く信頼関係を基盤として「働きやすさ」と「働きがい」が両立している状況下において高まることを、データを用いて説明してきました。こうした状況は、簡潔に表現すると、教員にとって職場＝勤務校が「働きたい学校」となっていることを意味します。

≫ 「対話交流」と「協働活動」が信頼関係を深める

「働きたい学校」では、児童生徒・保護者・同僚・管理職との間の豊かな信頼関係が醸成されています。信頼関係を醸成するための要件として、先行研究（露口 2016a、露口 2016b）では、対話交流と協働活動が強調されています。日常的な対話交流があり、共有化された目標達成に向けて相互に支援し合うことで、互酬性規範（お互い様の規範）が生成され、信頼関係は深まります。

また、対話交流と協働活動のなかで情緒的支援が提供され、抑鬱傾向は低下します。道具的支援やフィードバックの提供により、達成感や充実感が高まり「働きがい」が上昇します。そして、信頼に内包さ

れる効率化機能が、教員の勤務時間の縮減をもたらします。

　特に、同僚教員との信頼関係は、職務遂行上の困難水準が高まった場合（業務量超過や役割過重）に、抑鬱傾向を抑え、幸福感を維持させる効果を持ちます。同僚教員との信頼関係に欠ける状況下（孤立しての職責遂行下）において、困難水準が高まる場合、教員の抑鬱傾向は高まり幸福感は低下することが確認されています（Tsuyuguchi 2023）。

　そして、本書では、対話交流や互酬性規範に加えて、「時間」が、信頼関係醸成に重要なインパクトを与えることが確認されました（**第7章参照**）。若手教員に限定した調査データではありますが、教員を取り巻く信頼関係は年度始めの4月から年度末の3月に向けて上昇しており、時間の経過と共に蓄積されています。このサイクルが毎年のように繰り返されます。異動した場合は、例年よりも低い位置からのスタートとなります。

》　在校年数の長さも重要

　また、露口（2023a）では、在校年数の長さが、児童生徒・保護者・同僚との信頼関係の醸成において有意な効果を持つことが確認されています。異動サイクルが短い場合（たとえば2～3年程度での異動を継続する場合）、教員は周囲との信頼関係の醸成が困難となります。教員にとって「働きたい学校」とは、対話交流頻度が高く、協働活動を通してお互い様の規範が醸成されており、教員の在校年数が長いため、教員を取り巻く信頼関係が醸成されている学校、すなわち、「社会関係資本が蓄積された学校」であるといえます。

　教員を取り巻く信頼関係を醸成するうえで、管理職の影響は大きいです。しかし、在校年数が2年の人事異動サイクルでは、一定の時間を要する信頼関係の醸成（および「働きやすさ」と「働きがい」ある職場づくり）は困難です。2年異動というのは、管理職のリーダーシ

ップに期待していない人事異動方針といえます。

　在校年数2年というのは、国際的に見ても最短水準であり、不作為で逃げ切れる年数です。国際動向を参照すれば、校長の場合は少なくとも4〜6年間の在校年数が必要です（TALIS2018参加国・地域の平均値は6.7年）。

　4年以上の在校年数を標準とすれば、養成・研修に対する考え方が変わるでしょう。現状の養成・研修システムのままで校長の在校年数を4年標準にすると、高い確率で学校間格差は拡大することが予想されます。大学院での経営管理の学び直しを経て、管理職に就く養成・研修システムの必要性は、30年ほど前から日本においてすでに指摘されています（中留1995等）。その当時は、大学院での管理職の養成・研修が制度化されていませんでしたが、今日では、教職大学院という受け皿があります（管理職養成を標榜していない大学院もあります）。

2）働きやすい職場

　働きやすい職場とは、教員の健康・安全・福利厚生が重要視され、心にゆとりを持って安心して働ける職場を示します。こうした職場の実現のためには多様なアプローチが存在しますが、本書では、教員不足の解消と裁量性の向上の2点に焦点を絞ります。

≫　教員不足の解消

　働きやすい職場づくりのためには、教員不足の解消は必要不可欠です。若手教員に限定した調査データではありますが、教員不足（この場合、代替教員の未配置）は、在校等時間、抑鬱傾向、主観的幸福感に強烈な悪影響を及ぼします。**第7章**では、教員不足状況下における若手教員の壮絶な勤務状況が記録されています。代替教員の未配置状況下では、未配置分の業務を勤務校の教員が分担するため、業務量

超過に陥りやすいのです。また、勤務校内における人員配置のゆとりがないと、休暇等の取得が困難となります。小学校でも、専科等の配置によって時間にゆとりをもって業務を遂行できる状況がないと、業務量超過に陥りやすく、また、終日緊張状態を強いられることとなります。

2024（令和6）年度は、定年延長開始に伴い退職者が例年に比べて少数となる見込みですが、各都道府県等は大量採用を実施しています。35人学級と教科担任制の加配も継続予定です。これらの措置により、教員不足（年度当初の定数確保、代替教員配置）がどこまで解消されるのか、期待を持ちつつ、注視する必要があります[*1]。

》 裁量性の向上

また、働きやすい職場を創るためには、教員の裁量性の向上が必要です。私生活・家庭生活、自己のキャリア等を考慮したうえで、自己に適した働き方を創造できる仕組みが必要です。勤務の弾力化・多様化の方向性は、学校の業務運営に支障がない範囲で拡大することが望ましいです。全キャリアにおいて同じような働き方が一律に強制され管理されるのではなく、働き方をキャリア発達や生活環境に応じて主体的に選択し、管理職との対話を通してつくりあげる仕組みづくりが必要ではないでしょうか。

ただし、裁量性の向上は、代替教員が学校内外に存在しないような教員不足状況下では、保障が困難である点に留意が必要です。働きやすい職場づくりの基盤は、教員確保にあります。

時短は、働きやすい職場づくりにおいて重要な指標となります。在

---

*1　今後は、これから大量退職を迎える地方都市では、非正規教員の候補者として、若年層ではなく退職者層をいかにしてプールできるかが重要なテーマとなります。若年層ではなく退職者層を調整弁と仮定することで、若年層の不安定雇用問題も回避できます。

校等時間の長さが教員のウェルビーイングを低下させることは、**第3章**において確認されています。しかし、時短を促進する場合には、以下の2点への留意が必要です。

　ひとつは、業務改善とセットで時短を推進することです。業務量や遂行方法を変えずに時短のみを推進すると、結局持ち帰りが増えるだけです。時短は促進されている一方で教員の抑鬱傾向が高い学校では、まさに、こうした現象が発生していると推察できます。業務改善なき時短の弊害は、若手教員の調査（**第7章**）でも多数が言及しており、恨みの矛先は管理職に向かっています。

　もうひとつは、信頼関係の醸成が前提条件という点です。時短推進でウェルビーイングが上昇するのは、教員が豊かな信頼関係を享受できている場合です。児童生徒・保護者・同僚・管理職との信頼関係が不十分なまま時短を先行して促進しても、教員のウェルビーイングは高まりません。信頼関係は、時短と教員のウェルビーイングの関係における重要な調整変数なのです。

　「働きやすさ」は職場における重要な価値ですが、これを強く追い求めることは、特に若手教員にとって望ましいことではありません。露口・増田（2016）では、働きやすい職場の要望度が強い初任者教員は、ストレスレベルが高くなりやすいことを確認しています。

　初任者教員は様々な困難に直面し、児童生徒や保護者との信頼関係に悩むことも多く、全キャリアのなかで最も働きやすさの実感を得にくいステージにあります。この時期に、働きやすさや時短を過度に求めると、現実との認知の不一致が発生し、様々なストレス反応が生じます。働きやすさは、自らの職能成長と連動して生まれるゆとりを基盤とする側面もあります。

3) 働きがいある職場

　本書では、教員の「働きがい」の代理指標としてワーク・エンゲイ

ジメントを用いてきました。ワーク・エンゲイジメントとは、仕事への持続的な活力・熱意・没頭を示す概念であり、この状態は日常的な達成感・充実感・成長感等の経験蓄積によって生成されるものです。

》 ワーク・エンゲイジメントの高い職場の条件

　ワーク・エンゲイジメントの規定要因についての系統的レビュー（Mazzetti et al. 2021）を参照すると、働きがいある職場（ワーク・エンゲイジメントの高い職場）の条件として、以下の8点をあげることができます。

①同僚や管理職等の周囲の関係者からの日常的な支援がある。教員を取り巻く信頼関係・相互支援関係が、働きがいの源泉となっている。教員が孤立する職場では、働きがいの実感は困難である。

②教員個々の職責の範囲が明確であり、自己の行為と結果の関係が明確に理解できる。つまり、教員が明確な目標を保持しており、自分が為すべきことと責任の範囲が理解できている。

③ルーティンワークが少なく、日常は新たな刺激に富んでおり、毎日の職務環境・内容の変化を実感できる。

④自分で仕事の内容・分量・ペースをコントロールできる。一定の自己統制感を認知することができる。

⑤業務分担や人事評価が公正に行われている。教員の努力と成果が認められている。

⑥職務遂行に対してフィードバックがある。努力と成果に対しては正のフィードバックが、課題や改善点に対しては助言的フィードバックが日常的に提示される。

⑦職能成長に必要な学習機会が確保されている。自らの職能成長課題が認知できており、ニーズに合った学習経験と職能成長が実感できている。

⑧職務遂行に自信を持ち、現象のポジティブな解釈傾向が強く、再起

性が強く立ち直りが早く、未来に希望を持ち前向きの発言・行動頻度の高い教員が多い。

働きがいある職場では、信頼関係・相互支援関係を基盤として、教員個々が明確な目標を持ち、専門職としての自律性と裁量性が認められ、職務遂行の成果が公正に評価され、適切なフィードバックが提供され、今後の職能成長や問題解決のための学習機会が保障されます。こうしたプロセスを繰り返すことで、組織における心理資本（希望、自己効力感、レジリエンス、楽観性）が増強されるのでしょう（Luthans et al. 2015）。

「働きがい」の向上は教員個人の努力だけでは限界があり、こうした組織的要因によって大きく左右されます。働きがいある職場づくりのためには、信頼関係の醸成を基盤として、自律性・裁量性・公正性・成長性等の価値を実現する管理職のリーダーシップ実践が重要であることが、これらの研究成果から示唆されます。

⑵　職務＝取り組みたい仕事ができている

教員は日常的に様々な職務を遂行しています。そのなかには、日常的に働きがいを実感できる職務、負担を実感する職務、担当職務であるがそれほど関与していない職務、担当職務であるが手つかず状態で焦りを感じている職務等があります。

》　「時間」だけでなく「認知」の視点が重要

文部科学省の働き方改革関連調査では、「時間」を重視するため、教員がどのような職務を何時間遂行しているかに着目しています。しかし、短時間でも強い負担感を覚え抑鬱につながる職務もあれば、長時間であっても抑鬱を下げ没頭的関与を高める職務もあります。教員の職務状況を分析するためには、「認知」の視点が重要なのです。

すでに心理学的アプローチでは、教員による職務の「中核─周辺」

認知に着目し、教員が周辺職務と認知する職務の遂行度認知が、心理的ストレス反応等に影響を及ぼすことが確認されています（高木2015）。

　本書では、こうした先行研究を参考として、横軸に「取り組みたい─取り組みたくない」軸、縦軸に「実践できている─実践できていない」軸をとるマトリクスを開発しました（**第6章**）。横軸は「中核─周辺」の代替表記、縦軸は遂行度認知をそれぞれ応用しています。こうして、教員の職務を、「働きがい」「負担感」「手抜き」「焦り」に4類型し、自己の担当職務を布置して職務構造を一覧する方法を開発しました。このマトリクスを使用した校内研修の実践から、教員のウェルビーイング向上に対して以下の3点が示唆されます。

①「働きがい」のある職務を減らさない

　第1は、教員が「働きがい」を実感している職務は、それを毀損させずに維持向上することです。「働きがい」ゾーンに入る職務は、豊かな教職生活の基盤であり、離職予防効果を持ちます（向江2018；島津2010）。

　一律の時短は、「働きがい」業務の時間も削り、その業務が「焦り」ゾーンに落ち、抑鬱傾向が高まるリスクがあります。改善すべきは、「負担感」業務であり、「手抜き」業務です。そして、時間的ゆとりを創出し、「焦り」業務を減らすことです。情熱を注ぎたい仕事に取り組むことができている──この状態を保持する必要があります。

②職務の意味・意義・価値の問い直し

　第2は、職務の意味（何のためにするのか）・意義（なぜその業務が存在しているのか）・価値（どのように役立っているのか）の問い直しです。教員のウェルビーイングの実現のためには、日常の業務が、意味・意義・価値に溢れたものであることが望ましいのです。

　留意すべきは、中核業務を「授業」に特化してしまうケースです。授業以外を周辺業務と知覚することで、取り組みたくない負担感業務

にまみれた教職生活との認知が生まれるリスクがあります。豊かな教職生活を送っている教員は、自己が担う多くの授業以外の業務にも意味・意義・価値を見出しています。

また、キャリア形成の過程における「発達的挑戦」の重要性についても留意すべきです。職位が上昇していく過程では、不慣れな仕事、変化への直面、責任増加、部門・組織を越えた業務が増加しますが、これらを乗り越えることで成長が図られます（松尾 2013）。日常の負担感業務の意味・意義・価値を、「発達的挑戦」の視点から捉え直すことで、「働きがい」は変化すると考えられます。

③業務量の調整

第3は、業務量の問題です。働きがいが高い業務においても、その量が過剰である場合、抑鬱傾向が高まる可能性があります。仕事量とパフォーマンスは、逆U字関係にあり、少なすぎても多すぎてもパフォーマンスは上がりません。自分にとっての適度な仕事量に調整できる主体的選択の裁量があればよいですが、この裁量はほとんどの教員において欠如しています。また、過剰業務が強制性を伴うやらされ感の強い仕事（逃げられない仕事）である場合、問題状況は悪化します。

⑶ 職業＝高度専門職・教育公務員として社会的に評価されている

1）教員＝高度専門職の実現

教職に就いている者は、専門職を理想としていますが、その理想は満たされてはいません。専門職の要件とされる高度な知識・技能、自律性・裁量性、職業倫理等は、確かに医師や法曹には及びません。

国際動向として、高度専門職には修士レベルの学位が求められています。日本においても、薬剤師やカウンセラーが6年養成に踏み込み、公共政策、経営、会計、公衆衛生等を対象とする専門職大学院が設置

され、高度専門職を大学院で養成する流れが定着しつつあります。

》 教職大学院での学びによる高度な専門性の習得

　教員の高度専門職化を目指し、専門職大学院としての教職大学院が全国に設置されていますが、文部科学省の調査[2]では、2022（令和4）年度の入学者数は2,148人であり、定員充足率は84.3%と低調です。学部卒業者は1,284人が入学していますが、教員採用試験が不合格で再チャレンジのため大学院に進学している者が少なくありません。「教員採用試験が不合格だから大学院へ」という流れができると、修士よりも学士の方が優秀という風評が流れてしまいます。

　2019（令和元）年以降は、修士課程を教職大学院に移行する改革のなかで、教育学研究科の定員が減少したため、専修免許状の発行数[3]も減少しています。2013（平成25）年度の専修免許状授与件数は小学校1,680件、中学校5,168件でしたが、2021（令和3）年度には小学校1,421件（約15%減）、中学校3,826件（約26%減）に減少しています。1種免許状は2013（平成25）年度で小学校2万2,454件、中学校で4万5,478件が、2021（令和3）年度では、小学校2万2,903件（約2%増）、中学校3万8,292件（約16%減）であり、専修免許状の減少率が際立っています。

　既述のように、TALIS2018では参加国・地域の修士相当レベル平均値が約40%で、日本の10%程度は最小値グループです。高度専門職＝修士相当レベルは国際的潮流であり、教員不足問題の解消と共に、大学院ベースでの教員養成、すなわち、<u>教職課程履修者は教職大学院での臨床経験を経て教職に就く教員養成制度へのシフト</u>が必要です。

＊2　文部科学省「国私立の教職大学院の入学者数及び入学定員充足率の推移」
　　https://www.mext.go.jp/content/20221215-mxt_kyoikujinzai01
　　-000026556_2.pdf
＊3　文部科学省「教員免許状授与件数等調査について」
　　https://www.mext.go.jp/a_menu/shotou/kyoin/1353329.htm

保護者の約半数が大卒になる状況下において、学部レベル養成で、教員＝高度専門職を主張することは困難です。また、教育に関する情報が容易に入手できる今日、ネット情報をはるかに上回る高度な専門的知識・技能が教員には求められます。高度専門職は、問題解決の際に参照する情報の質が異なります。教職大学院での学習・研究活動を通して、問題解決において、自己の経験や同僚の経験、ネット情報や教育雑誌の情報にとどまらず、国内の研究会や学会での実践研究報告、国内学会誌や国際学会誌等の質の高いエビデンスを参照できる教員の育成が期待できます。

　学部生が学部４回生期から教職大学院の単位取得を開始し、教職大学院を１年で修了するプログラム（専門職大学院設置基準の一部を改正する省令〈2023（令和5）年6月15日公布・施行〉による）が、今後、全国に広がると予測されます。筆者が勤務する愛媛大学教職大学院でも、2025（令和7）年度入学者からの１年修了プログラムが適用できるように準備を進めています（教員採用選考試験の合格者を対象）。１年修了プログラムが全国に広がることで、資格に裏づけられた高度な職能を持つ、真の高度専門職としての教員が大量に養成されることとなります。

　さらに、学部卒業後に大学院に進学した教員の現職派遣の受け皿として、教職博士（Ed.D.）プログラムの準備を進める必要があります。教職博士プログラムは、現職派遣の場合は、教育センター等の研究・研修機関に在籍したうえで、同教育センター等の問題解決を志向した研究実践が期待されます。教職博士課程修了後に、学校管理職、教育行政管理職、教育長、大学教員（人事交流を含む）等を、40歳代から経験するイメージです。また、教職博士課程在籍中に、カウンセラー関連資格（臨床心理士の今後の動向による）やソーシャルワーカー関連資格（大学院相当資格創設に期待）を取得する選択肢があるとさらに教職博士課程の魅力が高まります。

教諭経験をベースとして、より高度な専門性を習得し、キャリアアップと共に地域社会に貢献できる、複線型の教職キャリアコースが、教職の魅力向上のために必要であると考えられます。65歳定年の今日、生涯一教師の選択は王道ではあります。しかし、魅力としては捉えられず、どちらかといえば不安要素（体力・健康面等）として捉えている教員が多いようです。

≫ 女性受験者と学力高位受験者を呼び戻す

　教職キャリアコースの高度化・魅力化は、教職から離れていった受験者層を教育学部・教員養成課程に呼び戻すためにも必要です。離脱層とは、女性受験者と学力高位受験者です。

　教員採用試験受験者数が減少した背景には、女性の受験者数減少があります（北條2023）。公立学校教員採用選考試験の実施状況データ[*4] が整備されており、なおかつ受験者性別データが確認できる2008（平成16）年度から2022（令和4）年度までの男性受験者数と女性受験者数の推移を確認してみます（受験者のほとんどが女性である養護教諭と栄養教諭は除外）。

　2008（平成16）年度から2022（令和4）年度の14年間で、男性受験者数は増加（1.15倍）している一方、女性受験者数は大幅に減少（0.43倍）しています。同様に、2008（平成16）年度から2022（令和4）年度までの14年間における女性受験者割合は、小学校（65.7%⇒51.7%）、中学校（54.5%⇒38.3%）、高等学校（39.4%⇒30.0%）、特別支援学校（68.8%⇒52.3%）にまで低下しています。小学校であれば、2008（平成16）年度は3人に2人が女性受験者であったものが、令和4年度には2人に1人にまで減少しています。

---

*4　https://www.mext.go.jp/a_menu/shotou/senkou/1243155.htm
　2020（令和2）年頃から受験者の性別記入を廃止する自治体が増加している点に留意が必要です。

採用者の女性割合がほとんど変化していないため、教員に占める女性割合は変化が小さく、2023（令和5）年度は小学校（62.6%）、中学校（44.6%）、高等学校（33.4%）、特別支援学校（62.8%）が女性であり、中学校・高等学校・特別支援学校では女性割合が過去最高となっています（文部科学省「令和5年度学校基本調査」）。採用者数や教員数を見れば、女性教員が増えているように見えますが、受験者数を見ると、教員志望の女性が急激に減少しているのです。

　また、教職における学力高位者の減少については、松岡（2022）の分析結果に端的に示されています。出身大学の難易度の主観的評価において、「あまり難しくない／難しくない」の選択割合は、小学校正規採用で50歳代が11.5%であるのに対し、20歳代では26.7%と、2.3倍に拡大しています。中学校においても50歳代11.4%から、20歳代19.5%へと、1.7倍に拡張しています。

　学力高位者減少の背景には、教員需要の増加で、教員養成学部・学科を拡張したことも少なからず影響しています。しかし、データでは明示されていませんが（筆者の教員養成学部での勤務経験にもとづく）、教育学部進学者に占める学力上位進学校からの受験者は着実に減少しています。この20年間で別のキャリアコースへと移行した学力上位の受験者を魅了できるような教職キャリアコース（処遇を含めて）のデザインが求められます。

2) 安定した職業

　教職の職業としての魅力は、「確実な収入」と「安定した職業」にもあります。多くの人々が雇用・所得の変動に困惑した新型感染症ウイルス拡大状況下において、教員の主観的幸福感は、職の安定性に支えられ、わずかに上昇傾向を示していました。

　図8-1は、「教員になる際に重要と感じた動機」として「非常に重要／ある程度重要」と回答した割合を、日本と参加48か国平均で比

較したものです（TALIS2018参照）。日本の中学校教員は、「確実な収入」と「安定した職業」が参加国平均よりも高くなっています。一方で、「子供や若者の成長に影響を与えられる」「社会貢献」「社会的弱者の手助け」は相対的に低い数値となっています。また、「継続的なキャリアアップの機会」「勤務スケジュール（勤務時間・休日等）」も参加国平均より低い数値です。所得・身分が安定した環境のなかで、教員として情熱を注ぎたい仕事に力を入れ、その結果として生徒の成長や社会貢献に関与できるという、日本の中学校教員の意識構造を読み取ることができます。

　このように、日本では、「確実な収入」と「安定した職業」が相対的に高い教職の魅力となっています。小・中学校および高校では、約80％の教員が地元出身（中学校卒業時と現職が同一の都道府県）という実態（松岡2022）を考慮すると、地元で安定した生活を送ることが教職の魅力として評価されています。

　異動の範囲も、自治体や教育事務所の境界を持つ小・中学校ではそ

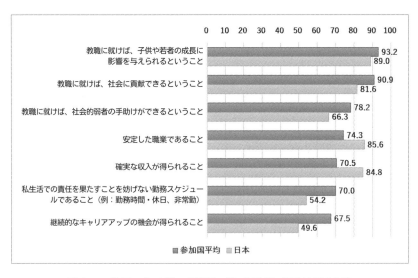

図 8-1　教員になる際に重要と感じた動機（TALIS2018）

れほど広くはありません。性差の影響は本データでは確認できません
が、男性には、こうした教職特性が魅力的に見え続けているのかもし
れません。しかし、特にこの20年間、女性には魅力的に見えていな
い可能性があります。

　また、「継続的なキャリアアップの機会」の評価が低調であるのも、
日本の教職の魅力化において重要な課題です。教諭から学校管理職、
指導主事、教育長、大学教員、外部人材等へのキャリア移行を体系化
し、教諭職を基盤とする高度専門職へのキャリアアップの道を整備す
ることの重要性を、改めて強調しておきます。参加国平均と比べれば
スコアは低調ですが、約50％の教員が「継続的なキャリアアップの
機会」を望んで入職していることも事実です。

3）処遇における公正性

　「継続的なキャリアアップの機会」と同様に、「勤務スケジュール
（勤務時間・休日等）」を入職の重要な動機として選択している教員も
50％超存在します。この比率は、ここ数年間で上昇していると予測
されます。

　現在、上限方針が定められ、教員・外部人材増、部活動の地域移行、
学校の業務役割見直し、変形労働時間、フレックス、インターバル、
テレワーク等、勤務形態の多様化・弾力化の方向での選択メニューが
示されています。自治体はこれらのメニューを状況に応じて組み合わ
せて、勤務時間の縮減と休日の確保に努めようとしています。定年延
長と大量採用のセットで需給バランス調整を実施したことで、教員不
足解消の兆しが見える2024（令和6）年度以降より、本格的な成果が
あらわれると予測されます。

　また、教職は、季節による繁忙差が大きい職業です。令和4年度の
教員勤務実態調査（速報値）では、夏季休業期間中における教諭の勤
務日が、小学校は5.6日、中学校は8.4日であるとの結果を報告して

います[*5, *6]。本書における若手教員の調査においても、毎年度8月（および3月）に在校等時間は減少し、主観的幸福感が上昇する傾向が確認されています。

≫ 手当の改善

　処遇面では、「公正性」の観点からの改善が求められます。たとえば、いわゆる主任手当が日額200円上限に対して、特別支援学級担任が日額1200円上限であり、6倍の開きがあります。業務内容の精査は必要ですが、業務の難易度と専門性を考慮すると、特別支援学級担任と同等以上の日額とすることが妥当です。

　また、担任手当の要望も強いです。学級担任をもつかどうかで、1年間の業務負担量は大きな差があります。担当児童生徒数と在校等時間との間に関連が認められており、児童生徒数に応じた学級担任手当の算出は不可能ではありません。公正性に欠ける職場では、教員の不満は高まり、モチベーションは低下します。

≫ 教職調整額の見直しの課題

　教職調整額から残業代への変更についても、「公正性」の観点からみると課題が多いです。効率的に業務をこなし在校等時間がゼロに近い子育て世代の教員は、教職調整額分が減額されるだけです。すでに業務改善が進行している学校、すなわち、この数年間努力し成果をあげてきた学校に対しては、残業代への変更が罰となります。特別支援学校、定時制・通信制高校等の在校等時間が相対的に短い学校も同様です。

---

*5 https://www.mext.go.jp/content/20230428-mxt_zaimu01
　-000029160_1.pdf
*6 https://www.mext.go.jp/content/20230428-mxt_zaimu01
　-000029160_2.pdf

また、職能・成果・業績等にかかわらず、学校で残業した者の所得が高くなりますが、この現象は民間企業での是正対象となってきたはずです。業務改善を進めてきた教員が減額となる状況は回避すべきです。教職調整額は、実質的に、教育専門職特別手当のような性格を持つのではないでしょうか。管理職手当の性格に近いものです。

　教職調整額の判断基準については様々な議論がありますが、安定性や確実性が教職の重要な魅力であるとすれば、教育公務員として勤務する間、安定的に一定額が支給されることが、魅力的に映るかもしれません。

》　大学院進学者の優遇

　処遇面では、大学院進学者の優遇が求められます。年々高度化する教員の職務に対応するため、また、真の高度専門職として認知されるために、教職大学院進学は適切な方法です。これを評価し処遇することは理にかなっています。

　大学院進学者は高い号給からスタートしますが、授業料と放棄所得を考慮すると、それほど大きな利得とはなりません。ところが、学部卒業者の1年修了プログラムを導入することで、放棄所得が半分になるため、大学院修了の経済的利点は劇的に改善されます。全国の教職大学院が既述の1年修了プログラムを実施することで、国際水準での高度専門職化を図ることができ、また、給与の実質上昇があわせて実現できます。

　現職派遣教員の修士号・専修免許状取得による優遇措置についても、大学院での高度な学びに向かうインセンティブ（あるいは学び直しのインセンティブ）として、検討が必要でしょう。大学院修了（1年修了）を基盤として、教職調整額、学級担任手当、主任手当等を拡充・加算することで、教員の処遇だけでなく、学校組織における公正性も大幅に改善されるでしょう。教職は高度専門職であり、その高度かつ

難易度の高い職能・職務と社会的価値に見合った処遇を検討する必要
があります。

4) 教諭のセカンドキャリア

》 学び直しがしやすい環境整備

　教員は、65歳の定年まで教諭というキャリアデザインを基盤とし
ています。しかし、教諭キャリアをベースとして、学校管理職（主幹
教諭、副校長・教頭、校長）、教育行政専門職（指導主事、教育長、
他機関出向）、研究職（大学教員）等、教諭のセカンドキャリアがあ
ります。場合によっては、教諭を退職してカウンセラーやソーシャル
ワーカーとして活躍する道もあります。さらには、スクール・サポー
ト・スタッフ、ICT支援員、地域コーディネーター、学習指導・特別
支援教育支援員、部活動指導員等、教諭キャリアを生かした外部人材
として活躍する道もあります（露口2022c）。

　20歳代前半で教職修士を取得している教員は、30〜40歳代前半
頃における、学び直しのための教職博士課程への進学（現職派遣）が
期待されます。学び直しを経験することで、学校管理職、教育行政専
門職、研究職への移行を図ります。専門的知識、モチベーション、高
度な実践力をもち、国際的にも明確に高度専門職と胸を張れる教育リー
ダーが、環境適応とイノベーションを先導するイメージです。

　教職大学院や教育学部等の教員養成課程には実務家教員の配置が必
須であり、こうした優秀な指導者人材を育成するためにも、早期の教
職博士プログラムの全国設置が求められます。

　また、教諭ベースで外部人材に移行する場合にも、学び直しは必要
でしょう。現職教員や退職教員を対象とする外部人材育成のための専
攻（カウンセラー、ソーシャルワーカー）や履修証明プログラムの設
置が求められます。教諭のセカンドキャリアへの移行を円滑化するた
めに、大学の機能に期待されるところはきわめて大きいといえます。

≫ 職の魅力を高める

　そして、教諭のセカンドキャリアの候補となるこれらの職の魅力を高めることを忘れてはなりません。

　校長は、自由裁量と社会的評価が高く、一定の在校年数のなかで、自分が描く教育・学校ビジョンを描き実現できます。教育長は、このことを自治体単位で実現できます。指導主事は、地域に必要な教育事業を提案し、その事業を遂行できます。また、子供を対象として培ってきたカリキュラム開発・授業力を、教職員を対象とする研修の場で発揮し、若手教員をはじめとする人材育成に貢献できます。大学教員の場合は、附属学校と連携しての先端研究の推進や、教員養成に従事して教師の卵を育てます。スクールカウンセラーやスクールソーシャルワーカーに移行する場合は、教諭経験を生かし、新たな方法で相談・支援を実践します。

　このように、教諭時代に思い描いた理想を実現できそうだという期待を持てる、職としての高い魅力を持つことが、教諭のセカンドキャリア職には求められます。

　もちろん、これらのセカンドキャリアポストは循環可能であり、管理職・大学教員・教育長等へと移行しながらキャリアアップを図ることもできます。巡り巡って最後に教諭に返り咲くというキャリアコースも味があります（周囲は迷惑かもしれませんが）。

⑷　職能＝職責遂行に必要な能力を身につけている
1）成長する職能とは

　教員として必要な授業実践、学級経営、生徒指導、特別支援、ICT活用等の職能が身についており、一定の教育効果が確認できる場合、教員は幸せを実感できるでしょう。これらの職能が不十分なまま、実践に臨むと、教育効果は向上せず、職務遂行上の困難にたびたび直面します。

教員には多様な職能が要求され、育成指標において体系化されていますが、それらは本当に教職経験の蓄積と共に成長しているのでしょうか。**第7章**で使用したデータを活用して、教職就任以降の実践的指導力、学級経営力、組織力、人間力の4次元の職能の効力感認知について確認しておきます。

　各次元の測定項目はA県教員育成指標の基盤形成期の到達指標を参考として作成されています。尺度は「ひじょうにあてはまる(4)」から「全くあてはまらない(1)」の4件法です（測定項目等については露口（2020b）参照）。

　実践的指導力は「授業では、子どもに分かりやすい教え方ができている」「授業方法・教具についての知識や技術を持っている」等の項目から、学級経営力は「子どもたちと一緒に学級のルールを作り上げることができている」「問題のある子どもに授業を妨害させないようにすることができる」等の項目から、組織力は「問題は一人で抱え込まず先輩教員や管理職の協力を得て解決を図っている」「悩みや困ったことが生じた場合には、先輩教員や管理職に相談している」等の項

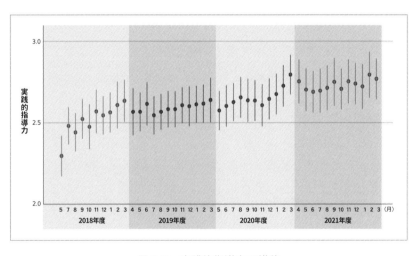

図 8-2　実践的指導力の推移

目から、人間力は「教職への情熱をもち、公平かつ愛情をもって児童生徒に接している」「よいものや必要なものを学ぼうとする意欲と謙虚さを持っている」等の項目から、それぞれ構成されています。

図 8-2 は実践的指導力次元、図 8-3 は学級経営力次元の 4 年間の変化です。これらの職能にかかる効力感は、教職就任以降、時間の経過と共に着実に上昇しています。経験蓄積と共に成長する要因であることがわかります。

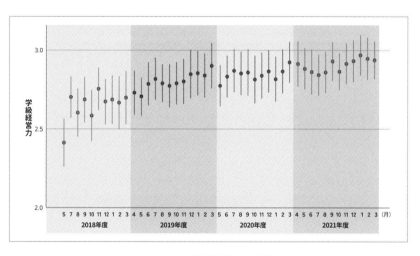

図 8-3　学級経営力の推移

一方、問題共有や周囲への相談行動等の程度を示す組織力（図 8-4）、熱意や学び続ける意欲を示す人間力（図 8-5）は、教職就任当初からほとんど変化していません。組織力にいたっては、職能成長と共に相談行動が軽減するため、右肩下がりの傾向を示しています。組織力と人間力は、入職後の変化が小さい「資質」に該当するといえます。

実践的指導力と学級経営力の効力感が教職経験と共に向上するのは、たいへん望ましいことです。やればできるという信念が、授業や学級経営の成功体験の蓄積と共に向上している様子が示されています。

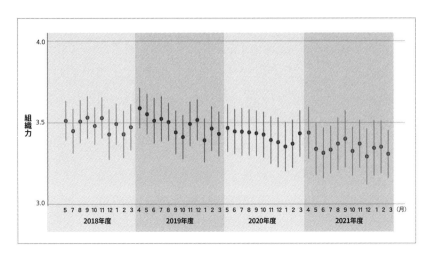

図 8-4　組織力の推移

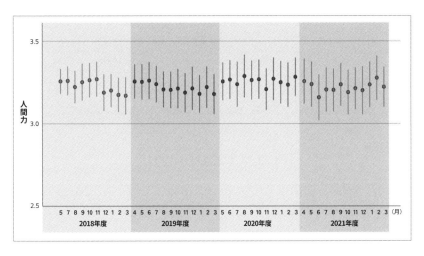

図 8-5　人間力の推移

　なお、露口（2020b）では、初任者教員の学級経営力次元の効力
感が、ワーク・エンゲイジメントと主観的幸福感を高め、抑鬱傾向を
低下させることが確認されています。学級経営力の向上が、小・中学
校の若手教員にとっては、きわめて重要であるとする結果が示されて

います。

　職能成長とウェルビーイングの関連性は、若手教員だけではなく、主任層教員、指導主事、管理職等にもあてはまるでしょう。従来ポストと新たなポストとの間の職能差が大きいほど、学び直しの必要性は高まります。教諭から管理職等への移行が十分に制度化されていない今日、新たなポストへの就任において、自ら学び対応することが求められます。学び続ける習慣を確立することは、現行の学校システムのなかで幸せな教職生活を送るうえで、必須の要件であるといえます。

2）職能成長を支える校内研修

　研修体系において示される研修の多くは、教育センター等の教育行政機関が主催する勤務場所を離れて行う Off-JT（Off the Job Training）としての校外研修です。一方、教員は、日常の実践を通して、自己省察、同僚や上司からのアドバイス等を通して経験的に学習を蓄積し、職能成長を図っています。校外研修で習得した知識と日常の実践がかみ合わないこともあります。

　また、専門職としての教員は、読書、自己学習、研究会・各種講座・サークル等への参加を通して自主的に学ぶ「個人研修」に勤しんでいます。校外研修が、日常の実践や個人研修の内容と整合しない場合、校外研修の効果はたいへん薄いものとなります。校外研修・実践・個人研修において習得・生成した知識を融合化させる機会が、OJT（On the Job Training）としての「校内研修」です。

　「校内研修」の内容は学校ごとに多様ですが、その中核は授業研究にあります（秋田 2006）。授業研究では、各教員が授業を計画、実施公開し、事後に検討会を行うことで、同僚や上司が保有する実践知を効果的に伝達することができます。

　また、事後の検討会（協働活動）を通して、新たな実践知を生成することができます。校内研修（授業研究）の場において、校外研修・

実践・個人研修の各場面での学びを融合化することで、実践知の深化を図るとともに、次の学習課題を生成することができます。

　校内研修が実践知深化の場として機能するためには、学校組織が専門職の学習共同体（PLC：Professional Learning Community）となる必要があります。PLCとは、教員間の相互作用の頻度が高く、目指す教員像・授業像・学習像が共有化されており、授業を公開し共同で省察する規範を有し、学校改善・授業改善についての使命感を皆が共有している学校を説明する概念です（露口2016a）。こうした組織特性が認められない学校組織では、実践知の深化はもちろんのこと、教員の授業改善は進まず、児童生徒の学力・学習意欲の向上が困難となります（露口2015）。児童生徒（および保護者）との信頼関係は十分に醸成されず、教員のウェルビーイングの向上は難しくなります。

3）職能成長を支える「つながり」

　教員を取り巻く「つながり」とは、ソーシャル・キャピタル（社会関係資本）論の視点から説明すると、学校内の上司や同僚との日常的な「対話・交流（ネットワーク）」、協働活動を通して生成される「互酬性規範」（お互い様と言い合える関係）、困難な時に周囲の支援を得られることが期待できる「信頼関係」から構成されます（露口2016a、2016b）。校内研修という学習の場は、教員を取り巻く「つながり」によって、効果が大きく左右されます。信頼関係に欠ける職場では、校内研修（授業研究）が形骸化しやすく、学びの質も高まりにくいのです。教員の学習は、「つながりを通して学ぶ」ことにあり、教員はつながりを通して成長するのです。

　「つながりを通して学ぶ」現象は、校内だけでなく、校外研修においても見ることができます。たとえば、初任者研修では、他校の初任者教員が一堂に会することで、初任者ならではの悩みをお互いに交換・共有することができます（情緒的サポート）。講師経験を有する

初任者教員や指導主事から道具的サポートを得ることもできます。

　また、教職員支援機構の研修では、全国から集合したリーダー候補教員とのつながりを醸成することができます。研修参加者からその場で直接学ぶこともあれば、勤務校や教育委員会に帰った後、問題に直面したときに研修参加者から支援を得ることも可能です。研修講師とのネットワークも形成可能です。

　さらに、教職大学院への進学は、大学教員とのネットワークだけでなく、学会等に参加することで、全国の研究者とのネットワーク形成が可能となります。このネットワークを通して、教員の学びは、さらに広がり、深まる可能性が高いです（露口 2022d）。教員は、自己を取り巻く「つながり」のなかで「職能成長」を図り、「実践の質」が高まることで「ウェルビーイング」を実感するのです。

1 本書において得られた知見と示唆

　本書では最初に、ウェルビーイング、働きがい、職場づくり（信頼関係）、専門職性、および資本拡充マネジメントの視点を従来の働き方改革議論に組み込むことで、促進フォーカス型の働き方改革論の提案を試みました（**第1章・第2章**）。

　また、A県独自で実施している働き方改革追跡パネル調査データを活用して、教員のウェルビーイング関連指標の学校種間・年度間の分散実態（**第3章**）、信頼関係の効果（**第4章**）、自治体間・学校間の分散実態と「働きやすさ」と「働きがい」の両立効果（**第5章**）を検証しました。教員のウェルビーイングの実現を、「働きやすさ」と「働きがい」の両立に求め、その基盤に信頼関係が位置づくモデルの妥当性が確認されました。

　さらに、今日の学校における働き方改革の重点課題を「働きがい」の改革と捉えたうえで、「働きがい」ある職場づくりのための「組織開発」実践の事例を提示しました（**第6章**）。そして、働き方改革が最も必要な若手教員層に対象を絞り、若手教員の教職就任から4年間毎月継続した追跡パネル調査データを使用し、若手教員が置かれる困難の構造を描き出しました（**第7章**）。最後に、教員のウェルビーイングを高める方法を職場・職務・職業・職能の4つの「職」の視点から提案しました（**第8章**）。

　以下、これまでの議論を整理し、教員の働き方改革を推進するうえで有用な知見と示唆を整理します。

》 働き方改革の成果を時短や急激な変化に求めない

第1章では、教員の働き方改革の政策動向を確認した後、在校等時間の縮減が困難な理由についての仮説を提示しました。教員の働き方改革では、在校等時間の縮減（時短）が唯一の成果指標のように捉えられています。しかし、働き方改革の目的をふまえると成果指標は多様であり、時短のみが政策効果として設定されることには問題があります。

時短第一主義の発想では、教員のメンタルヘルスや働きがい、学力や不登校の状況が不問にされるリスクがあります。また、時短が実現できていない場合、働き方改革の政策が失敗であるとみなされ、教員・外部人材配置の効果がなかったものとされるおそれもあります。

教員勤務実態調査では、既述したように、時短の効果が6年間で約30分との結果が得られています。A県の調査結果を見ても、在校等時間の分布は2020（令和2）年から2022（令和4）年にかけて各学校種とも大きな変化は認められませんでした。

在校等時間が大幅に減少していない原因についての仮説として、教員不足・人手不足・受皿不足、経験の乏しい若手教員の増加、時間よりも使命で仕事をする専門職性・聖職者性の強い職業特性、世界と比べて外れ値的な中学校での男性管理職・男性教員比率の高さ、学び直し経験なく就任した管理職が短期間で異動することで生じるマネジメント不全、学校の存立基盤である一方で醸成に時間が必要な信頼の重視、格差抑止に対する使命感、子供たちの熱意への応答の諸説を提示しました。これらの仮説が妥当であるならば、短期的に在校等時間が減少することはないでしょう。

働き方改革の成果を在校等時間に一本化し、急激な変化を求めることで、学校の調整の余地が削られ、疲弊感がさらに高まるリスクがあります。在校等時間の縮減については、中期的かつ漸進主義的な事業推進デザインが適当であるといえます。

≫ 信頼関係を基盤に「働きやすさ」と「働きがい」の両立を目指す

　第2章では、教員の働き方改革を構想するうえで、高度専門職としての教職を前提とすべきである点を主張し、高度専門職としての専門性・自律性・奉仕貢献性を重視した働き方改革のデザインを提案しました。また、在校等時間の縮減のみを強調する時短第一主義が学校にもたらす弊害についても指摘しました。

　在校等時間の縮減が働き方改革の「一指標」から「絶対的指標」へ、また「教育効果向上の方法」から「目的」へとすり替わることで生じる教員の苦悩について述べています。さらに、働き方改革における「働きがい」の価値を主張するとともに、働き方改革では、「働きやすさ」と「働きがい」の両立を目指すべきこと、両立基盤としての教員を取り巻く信頼関係（児童生徒・保護者・同僚・管理職）を重視すべきことを提案しました。

≫ 働き方改革の成果と問題

　第3章では、A県の全教職員を対象とする小・中学校3年間、高校・特別支援学校4年間に及ぶパネル調査の分析結果を紹介しました。以下、「はじめに」で提示した3つの研究課題にそって、分析結果を整理します。

　第1の研究課題は、働き方改革は在校等時間を縮減し、教員のワーク・エンゲイジメントと主観的幸福感を高め、抑鬱傾向を抑制しているのか、です。小・中学校では、2020（令和2）年度以降、ほとんど変化が認められていませんが、高校では80時間以上の教員がわずかに減少し、特別支援学校では45時間未満の教員が増加する等、一定の成果が認められています。

　しかし、小・中学校では、主観的幸福感と信頼関係が上昇傾向にあり、時短以外の指標において成果が認められています。ただし、ワーク・エンゲイジメントが全校種で下降傾向にあり、抑鬱傾向が全校種

で上昇傾向にあるとする望ましくない結果が示されました。働きがいが低下し、抑鬱傾向が上昇した点をふまえると、働き方改革には課題があると言わざるを得ません（もちろん他の要因も影響しています）。

　留意すべきは、最も時短が進んでいる特別支援学校において抑鬱傾向が最も高く、また上昇している点です。時短が抑鬱傾向を低下させるのであれば、こうした現象は生じないはずです。時間は、教員の精神的健康の悪化を説明する一要因に過ぎません。

≫　若手教員とベテラン女性教員への支援が必要

　第2の研究課題は、誰が働き方改革の恩恵を受けているのか、です。この研究課題についての分析結果は小・中学校限定であり、時間軸の参照点を欠くことに留意が必要です。年齢別で見ると、いずれの指標においても、若手教員の困難が示されていました。若手教員は在校等時間が長く、主観的幸福感とワーク・エンゲイジメントが低調であり、抑鬱傾向はベテランに比べて高いです。また若手教員は、高学年の担任を持つ傾向が強く、担当児童生徒数も相対的に多くなっています。一方、ベテラン教員は担任外や特別支援学級を担当することが多く、担当児童生徒数も相対的に少ないです。働き方改革の恩恵は、直近データを見る限り、ベテラン教員に顕著に現れています。

　年齢に性別を組み込んだ分析では、30歳代は女性教員の方が男性教員に比べてスコアが高く、50歳代は女性の方が男性に比べてスコアが低いため、30歳代の子育て期に一定の支援環境が機能していると推察されます。管理職比率の性差に着目すると、50歳代では男性が裁量あるデスクワークに移行しているのに対し、女性は体力が必要な学級担任等をそのまま継続している可能性があります。

　職位に着目すると、管理職層がいずれの指標においても高いスコアを示していました。時短推進のために教員の業務を肩代わりし、管理職が抱え込むような現象は認められませんでした。

総じて見ると、A県の場合は、若手教員とベテラン女性教員の働き方の支援が求められます。教員の年齢構成が自治体ごとに多様である今日、支援対象群は、自治体間によって相当異なるでしょう。

》　働きがいの低下が抑鬱傾向の上昇につながる

　第3は、新型感染症ウイルス拡大は、教員の働き方にどのような影響を与えたか、です。新型感染症ウイルス拡大前からデータを収集している県立学校を見ると、各指標ともそれほど大きな変化はないように見えます。職能開発機会は、新型感染症ウイルス拡大の影響が直撃しており、2019（令和元）年度から2022（令和4）年度にかけて大幅に低下し、その後回復基調にあります。

　また、高校では、ワーク・エンゲイジメントと抑鬱傾向が、新型感染症ウイルス拡大前の2019（令和元）年度から2022（令和4）年度を比較すると有意に低下しています（95%信頼区間が重複しない）。この間、部活動休止、学校行事中止が重なり、技能系教科等も思うように実施できない状況が続きました。働きがいが低下することの理由はある程度説明できます。

　抑鬱傾向の高まりについては、新型感染症ウイルス拡大への対応が原因とするのであれば、初動である2020（令和2）年度に最も高まっているはずです。毎年度、対処ノウハウが蓄積されるなかで、抑鬱傾向が上がり続けるということは、原因はほかにあるのではないでしょうか。ワーク・エンゲイジメントと抑鬱傾向の相関関係を考慮すると、働きがいの低下と抑鬱傾向の上昇が互いに連動し同時に出現している可能性があります。

　最後に、働き方改革の成果指標間の関連性について整理しました。「働きやすさ」に関する系統として「在校等時間」「抑鬱傾向」が、「働きがい」に関する系統として「職能開発機会」「ワーク・エンゲイジメント」が配置され、両系統が「主観的幸福感」に帰結するような

構成をとるモデルを、データの相関性をベースとして提案しました。

≫ 信頼関係があると「働きやすさ」「働きがい」改革も実現する

　第4章では、2020（令和2）年度から2022（令和4）年度間の教員を取り巻く信頼関係の変化について確認した後、働き方改革の成果指標と信頼関係との関連性を明らかにしました。小・中学校では、すべての信頼関係次元において、3年間で上昇傾向を示しています。特に小学校では、有意な上昇が認められました。新型感染症ウイルスの収束化とともに、対話機会が復活し、信頼関係スコアが上昇したものと解釈できます。

　また、働き方改革の成果指標と信頼関係とのクロス分析を実施したところ、複数の興味深い結果が得られました。

　第1に、児童生徒や保護者との信頼関係を実感できていない教員が、長時間勤務に陥っているという実態が確認されました。「忙しいから信頼関係が醸成できず」、「信頼関係がないからさらに忙しくなる」とする悪循環サイクルを読み取ることができます。

　第2に、教員が一般成人以上に主観的幸福感を享受するには、教員を取り巻く信頼関係が6点以上というのがひとつの目安であることがわかりました。教員を取り巻く信頼関係の各次元が2点以下ならば精神的に健康な状態での勤務が困難となり、7点を超える場合に精神的に健康な状態で勤務できる確率が高まるとする知見が得られました。

　さらに、「働きやすさ」と「働きがい」が両立した学校では、豊かな信頼関係が醸成されているかどうかを確認しました。代理指標は前者が80時間非超過者率、後者がワーク・エンゲイジメント得点です。分析の結果、小・中学校ともに「働きやすさ」と「働きがい」が両立した学校が4次元の信頼関係スコアが最も高く、また高校は、「働きやすさ」が低位で「働きがい」が高位の学校群が、生徒信頼と保護者信頼が最も高くなりました。この学校群には文武両道の大規模進学校

が集中しており、「生徒の熱意への対応が教員の長時間勤務の原因」であるとする仮説と符号しています。また、いずれの学校種においても、「働きやすさ」と「働きがい」が両立している学校で勤務する教員が最も幸せで健康的に働いている実態が確認されました。

》 「働きやすさ」「働きがい」が教員のウェルビーイングを実現する

第5章では、働き方改革の成果指標の自治体間分散と学校間分散について検討しました。在校等時間をはじめすとる働き方改革成果指標は、自治体間および学校間のバラツキがきわめて大きいことが本分析を通して判明しました。特に、抑鬱傾向には大きな効果量が認められ、自治体間差が顕著でした。どの自治体で勤務するかによって教員の抑鬱傾向に大きな差が生じている実態が明らかとなりました。

第1次産業地区における教員のウェルビーイング関連スコアの高さは、教員を取り巻く人々との信頼関係、すなわち、児童生徒、保護者、同僚教職員、管理職、地域住民、そして教育委員会との信頼関係に根ざしていると解釈できます。学校を核とする古き良き共同体（コミュニティ）が現存している状況下で、教員の働きやすさと働きがい、そしてウェルビーイングは高まりやすいことが確認されました。

また、時短を唯一の成果指標として設定する場合のリスクが描き出されました。働き方改革の推進において時短のみを評価対象とすれば、在校等時間が最も短い自治体が最も高く評価され、場合によっては好事例としての扱いを受けます。しかし、時短以外の成果指標を見ると、それらの自治体は、働き方改革が最も進展していないと評価されることもあります。実際に、そうした自治体の多くは、教員のワーク・エンゲイジメントと主観的幸福感は低調であり、抑鬱傾向はきわめて高いです。働き方改革は、なにかと教職のあり方が問題にされがちですが、自治体間の分散を見ると、どこで（どの自治体で）働くかがより重要な問題であることがわかります。

さらに、「働きやすさ」の代理指標を80時間非超過者率、「働きが
い」の代理指標をワーク・エンゲイジメントとする座標を設定し、各
学校を布置する散布図を作成し、抑鬱傾向・主観的幸福感・信頼関係
の情報をマーカー種類・サイズ・数値で追記しました。

　「働きやすさ」と「働きがい」の両立は同僚信頼に支えられており、
両立状況下において、教員の主観的幸福感が高く、抑鬱傾向が低い、
まさに教員のウェルビーイングが実現した状態であるといえます。
「働きがい」の視点を欠いた時短一辺倒の対応では、教員のウェルビ
ーイングの実現につながりにくいことも確認されました。

　2020（令和2）年秋頃、小学校の教員は長時間勤務で苦しんでいま
した。しかし、2022（令和4）年秋になると、教員は「働きがい」の
欠如で苦しむようになっています。中学校と同様に、高校でも、学校
レベルのワーク・エンゲイジメントが高い場合に、教員は良好な状態
で勤務することができます。特別支援学校も、他校種と同様、教員の
抑鬱傾向・主観的幸福感・同僚信頼が、ワーク・エンゲイジメントに
よってより強く左右されていました。なお、データを提示していませ
んが、定時制・通信制高校では、80時間を超える教員はほとんどい
ません。しかし、「働きがい」は低く、抑鬱傾向はきわめて高い現象
が発生しているのです。

》》「働きがい改革」業務改善研修で信頼関係をつくる

　第6章では、働き方改革とは「働きがい」のある職場を創りあげ
るための「組織開発」であるとの視点から校内研修例を紹介しました。
「早く帰るにはどうすればよいか」「何を削減・廃止すればよいか」を
研修課題とする「働きやすさ改革」業務改善研修に対して、「働きが
いの維持向上のためにはどうすればよいか」を研修課題とする「働き
がい改革」業務改善研修を提案しました。

　「働きがい改革」業務改善研修（事後のミニ研修を含めて）では、

①同僚・上司の支援関係および信頼関係を醸成する契機となる可能性がある。②業務分析シートによって自己の職務を分析することで、自己を苦しめている職務特性（統制感の欠如、常軌性、やらされ感）が理解でき、傾向と対策を検討することができる。③研修を通して、また、その後の同僚相互の対話を通してフィードバックの量と質が変化する可能性があり、ミニ研修を通して負担感業務解消のための学習機会が拡張される。④業務改善を通して、ノウハウを理解した職務への自信が高まり、同僚支援体制の醸成を通して再起性が高まり、未来に希望を持って職務遂行に取り組む可能性が高まる、などの効果が期待できます。

　「働きがい改革」業務改善研修は、ワーク・エンゲイジメント研究の成果をふまえた校内研修＝組織開発の手法です。研修の効果については、現在、実践を蓄積し、効果検証を進めている最中です。

》》 「信頼関係」「職能成長」が若手教員のウェルビーイングを高める

　第7章では、若手教員の教職就任後のウェルビーイング変化を、月間隔で、定量的・定性的データを用いて明らかにしました。

　月ごとの指標の変化を分析したところ、以下に示す知見が得られました。ワーク・エンゲイジメントは季節変動が小さく、4月時点の状況が年度間持続しやすいです。抑鬱傾向は秋頃と年度末に上がりやすいですが、変動幅は通年でそれほど大きくはありません。主観的幸福感は、8月が最大で、11月が最小であり、季節変動は大きいです。これとは逆に、在校等時間は8月が最小で、10月が最大となり、変動幅はとても大きいです。一方、信頼関係は、年度始めが最小で、年度末に最大となります。年度内で右肩上がりとなりますが、次年度は最小値からの再スタートとなります。年度間差は小さく、年度内差が大きい点に特徴があります。

　また、ワーク・エンゲイジメントと主観的幸福感が高く、抑鬱傾向

が低い教員の特徴を、定性的・定量的データによって記述しました。ウェルビーイング水準が4年間を通して高い教員の特徴は、同僚教員との豊かな信頼関係のなかで職能成長を着実に図っていることにありました。ウェルビーイング水準が低下するケースでは、人的リソース、技術的リソース、支援的リソース、時間的リソースが不足する（と教員が認知している）状況下で生起していることが確認されました。

≫ 職場・職務・職業・職能の視点でウェルビーイングを実現する

　第8章では、教員のウェルビーイングを実現する方法について、職場・職務・職業・職能の4つの「職」の視点から提案しました。職場では、働きたいと思える職場で勤務できていること。職務では、取り組みたい仕事ができていること。職業では、高度専門職・教育公務員として社会的に評価されていること。職能では、職責遂行に必要な能力を身につけていることが、教員のウェルビーイングを実現するうえでの要点であることを確認しました。教員のウェルビーイング実現のためには、1点突破ではなく、これらの4つの「職」の視点からの総合的アプローチが効果的である点を強調しておきます。

2 結論と展望

　教員のウェルビーイング向上のためには、高度専門職として「働きやすく」「働きがい」を実感できる職場づくりが重要であり、これらの両立の基盤は教員を取り巻く人々との信頼関係にあります。勤務時間は教員のウェルビーイングを説明する一要因であり、双方は教員を取り巻く信頼関係によって調整されます。そして、教員のウェルビーイングの実現に向け、高度専門職（教育公務員）としての地位を確立するためには職業の、「働きやすさ」と「働きがい」を実感するためには職務と職能の、信頼関係を醸成するためには職場の改革が、それ

ぞれ決め手となります。

　筆者は、この10年間、信頼（露口2012、2015）や社会関係資本（露口2016a、2016b、2017）の研究に注力してきました。また、学術図書としてまとめる際には、国際的な視点で研究動向レビューを実施してきました。著名な先行研究（Tschannen-Moran 2004）では、信頼が学校の存立基盤である点を強調しています。

　また、ウェルビーイングについても、子供や保護者対象ではありますが、国際的な視点での研究動向を整理しました（露口2017）。子供や保護者を取り巻く豊かなつながりが、ウェルビーイングを決定している実態を確認しました。教員においても同じことがいえると考え、教員のウェルビーイングに対する信頼（社会関係資本）効果の研究をこの数年間蓄積してきています（露口2020b；Tsuyuguchi 2023）。

》　「業務改善なき時短」は最悪手

　教育分野での信頼・社会関係資本・ウェルビーイングの研究に従事するなかで、時短が目的化した働き方改革現象と出合いました。教育効果（を高めるための＋αの努力）、信頼関係醸成、高度専門職としての学び、働きがいを得る努力等の重要な価値が、長時間勤務の原因とされ、否定される風潮を実感しました。早く帰ることが何よりも重要であり、在校等時間の短縮に成功した教育委員会・管理職が評価される枠組み作りが進められていました。業務を効率化して授業準備や子供へのフィードバックに時間をかける教員、部活動に熱意をもって取り組む教員が悪人のごとく扱われていました。しかし、時短第一の弊害は、すぐに顕在化しました。

　何も手を打たず、勤務時間のみをコントロールする管理職の出現は、改革当初から危惧されていました。現実、一定割合の学校で業務改善なき時短が展開され、殺伐感溢れる学校のなかで教員の不満が蓄積していきました。管理職も自己の短期在校年数を予見しており、業務改

善についての学びの機会も乏しく、忙殺の渦中で業務改善に丁寧に取り組める状況にはありません。さらに、教員不足の状況下で授業や学級担任を担当していると、業務改善どころではありません。人手不足を長時間勤務で補っている状況下で、時短が強く求められます。

　時短を求める側の教育委員会は、学校を支援するというよりも、新たなルールをたくさん作成し、学校への管理圧力を強めます。管理強化は学校側に新たな事務業務を生み出します。負担感の強い事務作業が増加することで、管理職・教員共に疲弊します。

　また、初任者教員等の若手教員へのダメージも大きいです。初めての仕事ばかりであり、同僚の支援が必要不可欠であるにもかかわらず、定時には誰もいません。また、同僚も定時退勤を目指すため、必至の形相でPCに向かっています。声をかけることがはばかられ、わからないまま自宅へ持ち帰るか、長時間勤務へと突入します。初任者・若手教員の離職増は当然の帰結です。業務改善なき時短は、打ってはならない最悪手なのですが、打たざるを得ない状況に、多くの学校が陥っていました。

　働き方改革の目的を見ると、どのように読んでも成果指標は時短だけではありません。働きがいの向上、専門的職能開発の促進、抑鬱傾向の抑止等の諸要因が含まれます。働き方改革において時短が目的化することのリスクをいち早く見抜いていたＡ県教育委員会では、働き方改革のデザイン当初から複数の成果指標を設定し、時短偏重を牽制していました。時短さえ達成すれば、教育効果が下がろうが、教員のモチベーションが低下しようが関係ない。こうした世界を創ってはなりません。

　中央教育審議会・質の高い教師の確保特別部会では、働き方改革の目的を再整理[1]しています。そこでは、働き方改革の目的を「子供

---

*1　「『緊急提言』を踏まえた文部科学省からの発信について」https://www.mext.go.jp/content/230927-mext_zaimu-000032090_11.pdf

たちへのより良い教育」であることを確認しています。これを具現化するための目標群として、①長時間勤務の是正、②日々の生活の質や教職人生を豊かに（ウェルビーイングや働きがい）、③学ぶ時間の確保（高度専門職としての職能開発の推進）を掲げ、欄外に④教師の疲弊の抑止（抑鬱傾向の抑止）を掲げています（カッコ内は筆者の解釈）。①～④を実現することで、教職の魅力が高まり、優れた人材の確保につながり、ひいては子供たちへのより良い教育を推進しようとするデザインとなっています。

　長時間勤務の是正は、働き方改革の重要な目標ですが、複数ある目標の一つに過ぎません。働き方改革の目的の整理によって、働き方改革が教員のウェルビーイングの実現で止まるのではなく、子供たちへのより良い教育によってもたらされる、子供たちの教育達成（認知的／非認知的能力の向上やウェルビーイングの実現）に向かうものであることが確認されました。

≫　信頼関係のもとでの時短はウェルビーイングを実現する

　教員の勤務時間は、確かに、働きがい・職能開発・抑鬱傾向等に影響を及ぼします。しかしその説明力はそれほど大きくはありません。教員を取り巻く信頼関係が醸成されている状況下において、時短は教員のウェルビーイングを高めます。児童生徒・保護者・同僚・管理職との信頼関係が醸成されていない状況下での時短では、ウェルビーイング水準が高まる確率は低いのです。「業務改善なき時短」と共に、「信頼関係なき時短」も悪手なのです。

　教員の勤務時間には季節性があり、特に行事が集中する秋頃にそのピークを迎えます。長時間勤務が発生する場合でも、同僚信頼があればウェルビーイングの低下は一定程度抑止できます。業務・役割の過重傾向が出現しても、相互に支え合って職務を遂行できます。同僚信頼に欠ける教員は、業務・役割過重傾向に単身で対処しようとするた

め、勤務時間増への緩衝が困難となり、ウェルビーイングが低下します。同僚との信頼関係は、年度内で巡ってくる季節的な勤務時間の増加に対して緩衝効果を有する価値ある社会関係資本なのです。

　また、近年の働き方改革では「移行」という言葉が頻繁に使用されます。教員の中核業務以外を外部人材・保護者・地域と分担しようとする際に「移行」が使用されます。しかし、「受け皿」なき「移行」、協働なき「移行」、合意なき「移行」のケースが後を絶ちません。

　たとえば部活動の地域移行でいえば、受け皿となる機関が確立しており安定的に指導者配置の見込みがあり、従来から学校・地域連携体制が整備されていれば、教職員はもちろん学校運営協議会やPTA等での議論を経て了解され、円滑に進行していきます。

　一方で、「移行」トラブルが続発しています。受け皿が脆く、教員と指導者との意思疎通が不十分であり、関係者の合意が得られておらず揉め事が多発します。「協働」から「移行」へのステップを踏むことが肝心です。地域移行を働き方改革の関連事業として位置づけるのであれば、目的は「子供たちへのより良い教育」です。拙速な地域移行は数字あわせによる「長時間勤務の是正」が自己目的化しているように思えます。

　保護者との「連携」についても、新型感染症ウイルス拡大の影響を受け、対話・交流頻度は減少しています。家庭訪問の廃止・簡略化は、その最たるものです。しかし、信頼の視点に立つと、これは明らかに悪手です。できる限り早い段階で、保護者と対話・交流し、子供についての相互理解を図り、信頼を醸成する必要があります。家庭訪問は、年度早期段階で信頼という社会関係資本を醸成する絶好の方法です。種々の事情で家庭訪問が困難である場合は、これに代替する年度初期の信頼醸成方法を実践することが必要です。

　さらに、時短第一の世界では、「挑戦的発達」の価値が評価されません。職能成長やキャリアアップのためには、不慣れな仕事、高いレ

ベルの責任、境界を越えて働く経験等が価値を持ちます。しかし、時短第一の世界では、これらの一皮むけるための経験が、負担・過重・専門外業務として、排除の対象となります。見境なく時短を進める地域では、教員の職能成長の原動力である校内外の研修さえも大幅削減に踏み切っています。日本が世界に誇る「教育専門職の学習共同体」を自ら切り崩す方向に進んではいないでしょうか。

　働き方改革関連法から新型感染症ウイルス拡大を経て、われわれは先人が培ってきた教職文化と社会関係資本醸成システムをよく考えずに破壊しているように思えてなりません。日本の先人が培ってきた「強み」を捨てる現象は、民間企業においても発生[*2]しており、警鐘が鳴らされています。

》　管理職・教育委員会のマネジメントが教員のウェルビーイングの最大のカギ

　教員の困難には、強烈な学校間差があります。主因は「教員の意識改革」よりも「管理職のマネジメント」にあります。教員の「働きやすさ」と「働きがい」は、管理職のリーダーシップによって説明されます。また、教員の困難は時間ではなく、リソース不足によってもたらされていました。ヒト・モノ・カネ・情報を、管理職のキャリアネットワーク（人脈）によって、また、信頼をコミュニティネットワーク（地縁）によって拡充できる管理職の増加、教員を取り巻く信頼関係醸成を支援できる人材育成に長けた管理職の増加が期待されます。働き方改革における「職場」問題への関心を強め、管理職像の確認（教師の教師ではない）、管理職の大学院等での学び直し、在校年数長期化等に着手する必要があります。

　副校長・教頭の困難も頻繁に指摘されており、マネジメント支援の

＊2　この点については、岩尾（2023）等を参照。

外部人材の配置が検討されています。時短を推進した結果、副校長・教頭に業務が集中し、困難に陥りやすくなりました。

　この点については、マネジメントチーム編制とリーダーシップの分散化が効果的であると考えられます。たとえば、地域連携推進主任、コンプライアンス主任、人材育成主任等を置き、副校長・教頭が抱えるのではなく、教員の主体性を生かした業務へと再編するのです。これらの主任職の開発実践は、本学教職大学院において継続的に研究を進めています。

　また、教育委員会は、学校に対して管理型ではなく支援型のリーダーシップを発揮する必要があります。校長との定期的な対話を通して、学校での困難を共有し、かゆいところに手の届く支援を提供することが望ましいといえます。管理を強化すればルールが増えます。ルールが増えれば書類が増えます。書類が増えれば疲弊します。教育委員会が働き方改革について予防フォーカスのスタンスを採ることは望ましいとはいえません。

　たとえば、教育委員会が「在校等時間を超過する教職員が一定数いる学校の管理職に対して、何らかの措置が講じられている」「とにかく早く帰らせるようにとのメッセージが強い」「働き方改革では、教職員の在校等時間の抑制を最も重視している」場合、管理職の抑鬱傾向は上昇します。しかし、教育委員会が「教職員の働きがい、やりがい、幸福感等を高めることを重要視している」「教職員が学ぶ時間が確保できるようにとするメッセージを発している」「教職員の多様な働き方ができるような工夫を講じている」場合、管理職の抑鬱傾向は低下します（露口 2022a）。

　文部科学省が示す働き方改革の目的には、促進フォーカスのメッセージが明記されています。また、働き方改革事例集においても、近年は、信頼毀損の可能性が低い、ICT活用と外部人材配置の事例が主軸となっています。時短に特化した働き方改革を推進している教育委員

会は、成果指標と戦略を見直す時期に来ているのではないでしょうか。

　文部科学省には、教員・外部人材配置と教員処遇の財源確保、事業メニューの提示が期待されます。特に前者は教育業界の悲願です。特に教員配置については、加配定数にとどまらず、基礎定数の見直しが求められます。後者については、変形労働時間制やフレックス制等、柔軟で多様な働き方を可能にするオプションメニューの提示が期待されます。予防フォーカス型の管理強化メッセージは、教育委員会・管理職の抑鬱傾向をさらに高めるおそれがあります。促進フォーカス型の支援メッセージを今以上に発信することが期待されます。

》　教員養成、教育実習の改善が教職の魅力化・人材確保につながる

　最後に、教員養成の現場に対しての示唆を提示して終わりにしたいと思います。教員不足に対応するためにも教職の魅力化と人材確保は重要な課題です。教員養成の現場にいての実感ですが、学生は「働きがい」重視で教職を選択しており、「働きやすさ」と処遇は二の次です。「働きやすさ」を優先する学生は、そもそも教職を目指さないですし、「働きやすさ」最優先で教職を選ぶ学生を教育委員会・学校は積極的に受け入れたいと思うでしょうか。

　そして、実習校での優れた指導教員との出会いが教職選択の決定打となるケースが多いです。実習指導の担当教員には、学生に教職の働きがいを伝え魅了できる教員が望まれます。学生はメディアからの、教職についてのネガティブな情報に晒されています。教員の困難を分布で捉える機会がない学生は、すべての教員が困難に直面しているようなイメージを描いています。

　実習校が困難な雰囲気に満ちており、担当教員が「しんどい」と言えば、教職は学生の選択肢から外れます。いくつもの学校で実習（ボランティア等）を経験している学生であれば、経験の相対化は可能ですが、ワンショットの実習での経験であれば、そこが現場のすべてと

なってしまいます。学部の低学年次から多様な学校の姿、働きがいや教職の魅力を語ることのできる実務家教員の配置促進が求められます。

》 働き方改革の目的・成果とは何か、原点に立ち戻る

　さて、本書では、複数年に及ぶ教員追跡パネルデータを用いて、教員の働き方の実態を記述しました。因果的効果が検証できるデータセットではありますが、そこまで踏み込んだ分析には至っていません。今後は、現在も生成中のパネルデータを用いた、さらに質の高い調査研究を推進していきます。現在、研究チームにおいて分析を実施しているところです。本書は第1部であり、今後の研究をまとめた次回作に期待していただければ幸いです。

　また、本書では在校等時間や信頼関係の測定において、改善すべき課題がいくつかあります。調査の実現性や教員の回答負担の軽減を重視した結果として、簡易尺度の使用に至りました。今後は、これらの尺度の信頼性・妥当性を検証するためのデータ収集・分析の実施を行う必要があります。あわせて、働きやすさと働きがいの代理指標の設定においても、さらに検討を深める必要があります。

　本書は、働きやすさの代理指標として在校等時間、働きがいの代理指標としてワーク・エンゲイジメント尺度を用いました。代理指標として使用できる変数に限りはありますが、いっそうの工夫を図っていきます。

　働き方改革の成果を時間データのみで説明する習慣の過ちに、われわれは気づくべきです。働き方改革の目的や成果とは何か。今はまさに、原点に立ち戻り、地域の実情をふまえたうえで、教員のウェルビーイングを高め得る政策・事業・経営戦略を再設計する絶好のタイミングなのです。

〈参考文献一覧〉(五十音順)

●秋田喜代美（2006）『授業研究と談話分析』放送大学教育振興会【8章】
●安藤輝次（2009）「初任者教員と優秀教員の資質・能力に関する研究」『奈良教育大学紀要』58（1）、147-156頁【7章】
●岩尾俊兵（2023）『日本企業はなぜ「強み」を捨てるのか』光文社【おわりに】
●内田良・上地香杜・加藤一晃・野村駿・太田知彩（2018）『調査報告 学校の部活動と働き方改革──教師の意識と実態から考える』岩波書店【はじめに】
●大沼春子（2023）「義務標準法における教員定数算定方式の成立背景に関する研究─文部省による『標準指導時数』の考案過程に着目して─」『日本教育行政学会年報』49、166-184頁【1章】
●大前暁政（2015）「小学校初任者教員の現場適応の困難性と教員養成課程で身に付けるべき教師力の意識に関する研究」『心理社会的支援研究』6、3-20頁【7章】
●川上憲人（2010）「職場におけるうつ病等のスクリーニングのための調査法とその利用について」第2回職場のメンタルヘルス検討会（2010.6.7）情報提供【2章／3章】
●神林寿幸（2017）『公立小・中学校教員の業務負担』大学教育出版【はじめに】
●工藤勇一（2018）『学校の「当たり前」をやめた。──生徒も教師も変わる！公立名門中学校長の改革』時事通信社【はじめに】
●厚生労働省（2019）『2019年国民生活基礎調査』結果の概要【3章】
●厚生労働省（2023）『脳・心臓疾患の労災認定──過労死等の労災補償Ⅰ』【2章】
●国立教育政策研究所（2019）『教員環境の国際比較：OECD国際教員指導環境調査（TALIS）2018報告書─学び続ける教員と校長─』ぎょうせい【1章】
●斎藤智文（2019）「『働き方改革』とは『働きがいのある会社』を創りあげる組織開発」『労務理論学会誌』28、5-22頁【2章／6章】
●佐伯啓思（2012）『反・幸福論』新潮社【1章】
●佐々木邦道・保坂亨・明石要一（2010）「初任者教員のモチベーション研究Ⅰ─1年間の変容の軌跡─」『千葉大学教育学部研究紀要』58、29-36頁【7章】
●澤田真由美（2023）『自分たちで学校を変える！教師のわくわくを生み出すプロジェクト型業務改善のススメ』教育開発研究所【はじめに】
●島津明人（2010）「職業性ストレスとワーク・エンゲイジメント」『ストレス科学研究』25、1-6頁【8章】
●島津明人（2014）『ワーク・エンゲイジメント──ポジティブ・メンタルヘルスで活力ある毎日を』労働調査会【2章／6章】

●新保元康（2019）『学校現場で今すぐできる「働き方改革」 目からウロコの
ICT 活用術』明治図書出版【はじめに】
●妹尾昌俊（2019）『こうすれば、学校は変わる！「忙しいのは当たり前」への
挑戦』教育開発研究所【はじめに】
●妹尾昌俊（2020）『教師崩壊 先生の数が足りない、質も危ない』PHP 研究
所【はじめに】
●高木亮（2015）『教師の職業ストレス』ナカニシヤ出版【8 章】
●高木亮（2022）「多様なタイプの教職員で学校教育を担う」大野裕己・露口健
司『日本の教職論』放送大学教育振興会、177-191 頁【1 章】
●髙橋哲（2022）『聖職と労働のあいだ──「教員の働き方改革」への法理論』
岩波書店【はじめに】
●橘木俊詔・高松里江（2018）『幸福感の統計分析』岩波書店【1 章】
●玉井真一（2020）「教員の主体性を生かした業務改善研修プログラムの実践と
その効果─業務改善推進主任のリーダーシップを中心に─」『愛媛大学教職大
学院 実践研究報告書』第 3 号【6 章】
●中央教育審議会（2015a）『チームとしての学校の在り方と今後の改善方策に
ついて（答申）』【1 章】
●中央教育審議会（2015b）『新しい時代の教育や地方創生の実現に向けた学校
と地域の連携・協働の在り方と今後の推進方策について（答申）』【1 章】
●中央教育審議会（2019）『新しい時代の教育に向けた持続可能な学校指導・運
営体制の構築のための学校における働き方改革に関する総合的な方策について
（答申）』【1 章／2 章】
●中央教育審議会（2021）『「令和の日本型学校教育」の構築を目指して～全て
の子供たちの可能性を引き出す、個別最適な学びと、協働的な学びの実現～
（答申）』【1 章】
●中央教育審議会（2022）『「令和の日本型学校教育」を担う教師の養成・採
用・研修等の在り方について～「新たな教師の学びの姿」の実現と、多様な専
門性を有する質の高い教職員集団の形成～（答申）』【1 章／2 章】
●辻和洋・町支大祐（2019）『データから考える教師の働き方入門』毎日新聞出
版【はじめに】
●露口健司（2008）『学校組織のリーダーシップ』大学教育出版【はじめに】
●露口健司（2011）「スクールリーダーのリーダーシップ・アプローチ─変革・
エンパワーメント・分散─」小島弘道・淵上克義・露口健司『スクールリーダ
ーシップ』学文社、137-163【2 章】
●露口健司（2012）『学校組織の信頼』大学教育出版【はじめに／2 章／おわり
に】

- 露口健司（2015）『学力向上と信頼構築──相互関係から探る学校経営方策』ぎょうせい【8章／おわりに】
- 露口健司（2016a）『ソーシャル・キャピタルと教育──「つながり」づくりにおける学校の役割』ミネルヴァ書房【はじめに／6章／8章／おわりに】
- 露口健司（2016b）『「つながり」を深め子どもの成長を促す教育学──信頼関係を築きやすい学校組織・施策とは』ミネルヴァ書房【8章／おわりに】
- 露口健司（2017）「学校におけるソーシャル・キャピタルと主観的幸福感：『つながり』は子どもと保護者を幸せにできるのか？」『愛媛大学教育学部紀要』64、171-198頁【2章／おわりに】
- 露口健司（2019）「テキストマイニングによる校長の育成指標の類型化と特長」教職員支援機構『育成指標の機能と活用──平成30年度育成協議会の設置と育成指標・研修計画の作成に関する調査研究プロジェクト報告書』50-62頁【1章】
- 露口健司（2020a）「指標─研修の対応関係と校長研修開発の留意点」教職員支援機構『育成指標に基づく管理職研修の現状と課題─令元年度育成協議会の設置と育成指標・研修計画の作成に関する調査研究プロジェクト報告書』25-36頁【2章】
- 露口健司（2020b）「若年層教員のキャリア発達における信頼効果」『愛媛大学教育学部紀要』67、133-154頁【7章／8章／おわりに】
- 露口健司（2022a）「学校管理職の制御フォーカスとウェルビーイングの関係─GIGAスクール対応と働き方改革を事例とする予備調査の結果報告─」教職員支援機構『中央研修の研修効果──令和3年度管理職育成に関する研修の在り方に関する調査研究プロジェクト報告書』5-26頁【はじめに／おわりに】
- 露口健司（2022b）「公正で質の高い教育におけるICT活用の促進条件」国立教育政策研究所『公正で質の高い教育を目指したICT活用の促進条件に関する研究：2020年度全国調査の分析』12-52頁【1章】
- 露口健司（2022c）「教職の魅力化──ウェルビーイング（well-being）への着目」大野裕己・露口健司『日本の教職論』放送大学教育振興会、205-222頁【8章】
- 露口健司（2022d）「『学び続ける教員』を具現化する教員育成指標と研修体系」大野裕己・露口健司『日本の教職論』放送大学教育振興会、25-40頁【8章】
- 露口健司（2023a）「教員を取り巻く信頼関係に対するネットワーク規模効果と空間共有効果」『学校改善研究紀要』5、1-13頁【1章／8章】
- 露口健司（2023b）「教員ウェルビーイングに対する信頼関係の効果─学校種

間の効果比較—」日本教育行政学会第58回大会発表資料（千葉大学 2023.10.15）【2章】

●露口健司・高木亮（2023）「パネルデータ分析からみる教員の職能成長」日本学校改善学会2023岐阜大会発表資料（岐阜大学 2023.1.7）【3章】

●露口健司・藤原文雄（2021）『子供の学力とウェルビーイングを高める教育長のリーダーシップ──校長、教職員、地域住民を巻き込む分散型リーダーシップの効果』学事出版【はじめに】

●露口健司・増田健太郎（2016）「初任段階をめぐる課題」高木亮・北神正行『教師のメンタルヘルスとキャリア』ナカニシヤ出版、156-182頁【7章／8章】

●内閣府（2021）『満足度・生活の質に関する調査報告書2021〜我が国のWell-beingの動向〜』【3章】

●中留武昭（1995）『学校指導者の役割と力量形成の改革──日米学校管理職の養成・選考・研修の比較的考察』東洋館出版社【8章】

●中原淳・中村和彦（2018）『組織開発の探究　理論に学び、実践に活かす』ダイヤモンド社【6章】

●日本財団（2018）『不登校傾向にある子どもの実態調査』【1章】

●日本財団・三菱UFJリサーチ＆コンサルティング（2021）『コロナ禍が教育格差にもたらす影響調査』【1章】

●波多江俊介・川上泰彦・妹尾渉（2016）「初任教員のストレスと適応感—パネルデータを用いた分析—」『日本教育経営学会紀要』58、50-64頁【7章】

●藤原文雄（2018）『世界の学校と教職員の働き方──米・英・仏・独・中・韓との比較から考える日本の教職員の働き方改革』学事出版【はじめに】

●藤原文雄（2019）『「学校における働き方改革」の先進事例と改革モデルの提案』学事出版【1章】

●北條雅一（2023）『少人数学級の経済学──エビデンスに基づく教育政策へのビジョン』慶應義塾大学出版会【8章】

●前川孝雄（2016）『「働きがいあふれる」チームのつくり方──社員が辞めない、ワクワクする職場』ベストセラーズ【2章】

●松尾睦（2013）『成長する管理職──優れたマネジャーはいかに経験から学んでいるのか』東洋経済新報社【8章】

●松岡亮二（2022）「『教員の資質能力の育成等に関する全国調査』の基礎分析」中央教育審議会「令和の日本型学校教育」を担う教師の在り方特別部会基本問題小委員会（2022.10.6）資料【8章】

●水本篤・竹内理（2008）「研究論文における効果量の報告のために─基礎的概念と注意点─」『関西英語教育学会紀要　英語教育研究』31、57–66頁【3章

／4章】
●向江亮（2018）「ワーク・エンゲイジメント向上の実践的取組に向けた知見の整理と今後の展望」『産業・組織心理学研究』32（1）、55-78頁【8章】
●文部科学省（2023）『教員勤務実態調査（令和4年度）の集計（速報値）について』【7章】
●八尾坂修・伊藤文一・増田健太郎（2007）『信頼を創造する公立学校の挑戦──壱岐丘の風がどのように吹いたか』ぎょうせい【はじめに】
●谷田部光一（2016）『働きがいの人材マネジメント』晃洋書房【2章】
●雪丸武彦・石井拓児（2020）『教職員の多忙化と教育行政──問題の構造と働き方改革に向けた展望』福村出版【はじめに】
●リクルートマネジメントソリューションズ（2019）『ワーク・エンゲージメントに関する実態調査』【3章】
●Anthony, A.B., Gimbert, B.G., Luke, J.B., & Hurt, M.H. (2019). Distributed leadership in context: Teacher leaders' contributions to novice teacher induction. *Journal of School Leadership,* 29 (1), 54-83. 【7章】
●De Neve, D., & Devos, G. (2016). The role of environmental factors in beginning teachers' professional learning related to differentiated instruction. *School Effectiveness and School Improvement*, 27 (4), 557-579. 【7章】
●Diener, E., Suh, E. M., Lucas, R. E., & Smith, H. L. (1999). Subjective well-being: Three decades of progress. *Psychological Bulletin*, 125 (2), 276-302. 【2章】
●Fordyce, M. (1988). A review of research on the happiness measures: A sixty second index of happiness and mental health. *Social Indicator Research*, 20 (4), 355-381. 【2章】
●Hascher, T., & Waber, J. (2021). Teacher well-being: A systematic review of the research literature from the year 2000-2019. *Educational Research Review*, 34, 1-25. 【7章】
●Helms-Lorenz, M., van de Grift, W., & Maulana, R. (2016). Longitudinal effects of induction on teaching skills and attrition rates of beginning teachers. *School Effectiveness and School Improvement*, 27 (2), 178-204. 【7章】
●Higgins, E.T. (2008). Regulatory fit. In Shah, J.Y., & Gardner, W.L. (Eds.). *Handbook of motivation science*, NY: Guilford Press., 356-372. 【はじめに】

● Hoy, W. K. , & Tschannen-Moran, M. (1999). Five faces of trust: An empirical confirmation in urban elementary schools. *Journal of School Leadership*, 9（3）, 184-208.【2章】

● Kelly, S. , & Northrop, L.（2015）. Early career outcomes for the "best and the brightest" : Selectivity, satisfaction, and attrition in the beginning teacher longitudinal survey. *American Educational Research Journal*, 52（4）, 624-656.【7章】

● Kessler, R. C., Barker, P. R., Colpe, L. J., Epstein, J. F., Gfroerer, J. C., Hiripi, E., Howes, M. J., Normand, S. T., Manderscheid, R. W., Walters, E. E., & Zaslavsky, A. M. (2003). Screening for serious mental illness in the general population. *Archive of General Psychiatry*, 60（2）, 184-189.【2章】

● Luthans, F., Youssef-Morgan, C. M., & Avolio, B. J. (2015). *Psychological capital and beyond*. Oxford University Press.（邦訳：開本浩矢・加納郁也・井川浩輔・高階利徳・厨子直之『こころの資本──心理的資本とその展開』中央経済社、2020）【8章】

● Mazzetti, G. ,Robledo, E. , Vignoli, M. , Topa, G. , Guglielmi, D. , & Schaufeli, W.B. (2021). Work Engagement: A meta-Analysis Using the Job Demands-Resources Model. *Psychological Reports*, 126（3）, 1-38.【6章／8章】

● Tschannen-Moran, M. (2004). *Trust matters: Leadership for successful schools*. Jossey-Bass.【おわりに】

● Tsuyuguchi, K. (2021). The relationship between teachers' career capital and well-being. Bulletin of Faculty of Education in Ehime University, 68, 101-120.【2章】

● Tsuyuguchi, K. (2023). Analysis of the determinants of teacher well-being: Focusing on the causal effects of trust relationships. *Teaching and Teacher Education*, 132, 1-15.【はじめに／2章／8章／おわりに】

■著者紹介■

露口 健司（つゆぐち けんじ）
愛媛大学大学院教授

九州大学大学院人間環境学府後期博士課程修了（博士（教育学））。現在、愛媛大学大学院教育学研究科教授。教職員支援機構客員フェロー、国立教育政策研究所客員研究員、放送大学客員教授、兵庫教育大学客員教授を兼務。中央教育審議会「質の高い教師の確保特別部会」委員。著書は『子供の学力とウェルビーイングを高める教育長のリーダーシップ』『日本の教職論』『ソーシャル・キャピタルと教育』『学校組織の信頼』『学校組織のリーダーシップ』他多数。

教員のウェルビーイングを高める
学校の「働きやすさ・働きがい」改革

2024 年 2 月 20 日　第 1 刷発行

著　者	露口 健司
発行者	福山 孝弘
発行所	株式会社 教育開発研究所
	〒 113-0033　東京都文京区本郷 2-15-13
	TEL03-3815-7041 ／ FAX03-3816-2488
	https://www.kyouiku-kaihatu.co.jp
表紙デザイン	長沼 直子
印刷所	中央精版印刷株式会社
編集担当	桜田 雅美

ISBN 978-4-86560- 587-7